深圳经济特区建立 40 周年改革创新研究特辑

深圳经验与中国特色社会主义道路

赵剑英 等 著

The Experiences of Shenzhen and the Path of Socialism with Chinese Characteristics

中国社会科学出版社

图书在版编目(CIP)数据

深圳经验与中国特色社会主义道路/赵剑英等著.—北京：中国社会科学出版社，2020.10
（深圳经济特区建立40周年改革创新研究特辑）
ISBN 978-7-5203-5032-7

Ⅰ.①深… Ⅱ.①赵… Ⅲ.①经济特区—经济发展—研究—深圳②中国特色社会主义—社会主义建设模式—研究 Ⅳ.①F127.653②D616

中国版本图书馆 CIP 数据核字（2019）第 194800 号

出 版 人	赵剑英
项目统筹	王 茵
责任编辑	喻 苗　孙 萍　马 明
责任校对	杨 林
责任印制	王 超

出　　版	中国社会科学出版社
社　　址	北京鼓楼西大街甲158号
邮　　编	100720
网　　址	http://www.csspw.cn
发 行 部	010-84083685
门 市 部	010-84029450
经　　销	新华书店及其他书店
印刷装订	北京君升印刷有限公司
版　　次	2020年10月第1版
印　　次	2020年10月第1次印刷
开　　本	710×1000 1/16
印　　张	17.5
字　　数	202千字
定　　价	108.00元

凡购买中国社会科学出版社图书，如有质量问题请与本社营销中心联系调换
电话：010-84083683
版权所有　侵权必究

赵剑英

浙江萧山人，哲学博士，南开大学—中国社会科学院大学21世纪马克思主义研究院特聘教授，中国社会科学院大学哲学院教授（二级）、博士生导师。现任中国社会科学出版社党委书记、社长。全国文化名家暨"四个一批"人才，国家百千万人才暨"有突出贡献中青年专家"，全国新闻出版行业领军人才，国务院政府特殊津贴专家。兼任中国历史唯物主义学会副会长，全国中国特色社会主义理论研究会副会长。

长期致力于马克思主义哲学和中国特色社会主义理论的学习与研究。著有《21世纪中国的马克思主义》《时代的哲学回声》《哲学的力量——社会转型时期的中国哲学》《复兴中国》等。主编或参与主编《论中国模式（中英文版）》《马克思哲学论坛文丛（7卷）》等。在《人民日报》《中国社会科学》《马克思主义研究》《哲学研究》等报刊上发表论文和文章近百篇。代表作有《中国道路的哲学观念》《中国之治的实践逻辑》《中国共产党的自我革命：开创权力监督新路》《现代性与近代以来中国人的文化认同危机及重构》《论人类实践形态的当代发展》《试析实践活动运行机制》等。

策划出版了《习近平新时代中国特色社会主义思想学习丛书（12卷）》《理解中国丛书》《中国制度研究丛书》《当代中国学术思想史丛书（35卷）》等，在海内外产生较大影响力。获第十三届韬奋出版奖、国家新闻出版广电总局授予的"2016年度推动版权输出引进典型人物"奖。

深圳经济特区建立40周年改革创新研究特辑编委会

顾　　　问：王京生　李小甘
主　　　任：王　强　吴以环
执 行 主 任：陈金海　吴定海
主　　　编：吴定海
编委会成员：（以姓氏笔画为序）

王为理　王世巍　刘婉华　李凤亮
杨　建　肖中舟　何国勇　张玉领
陈少兵　罗　思　赵剑英　南　岭
袁易明　袁晓江　莫大喜　黄发玉
黄　玲　曹天禄　谢志岿　谭　刚
魏达志

总　　序

先进的文化，来自对先进的生产方式和生活方式的能动反映；先进的生产力，来自对生产前沿审时度势的探索。40多年来，深圳一直站在生产力和生产关系新模式探索的最前沿，从生产实践，到制度建立，再到观念更新，取得了系统的、多层次的成果，为改革开放全面成功推广，提供一整套系统的观念与经验。当然，深圳的改革历程，是一个步步为营的过程。如果说，改革开放之初所取得的成功，主要在于以一系列惊心动魄的实践，按照市场经济发展规律，循序渐进地突破制度的坚冰，在摸索中逐步确立社会主义市场经济的新制度、新机制、新关系，形成新的发展模式；那么，在完成试验田式的探索之后，深圳取得的新突破，则是在国内经济转型和国际新经济背景之下，结合自身优势而完成的产业升级和观念升级。在升级换代过程中，深圳已经取得开阔的国际视野，在国际上也形成自身的影响力，在国内则拥有党中央强有力的支持和更成熟的制度后盾。

在这个过程中，深圳作为探索者、排头兵所探索出来的一系列成功经验，已经成为社会主义市场经济体制的基本构成部分；在这个过程中，深圳人为社会主义市场经济模式的建立与繁荣，做出系列有利于国、有益于民的大胆探索，其间所形成的开拓进取精神，已经凝聚成为一种可以叫作"深圳精神"的东西。正如习近平总书记在深圳考察时说的："如果说，深圳是中国改革开放的一本样板书，那这本书上，给人留下印象最深刻的两个字，就是'敢闯'！"同时，深圳的系列探索实践，也是对党的老一辈革命家改革开放、发展生产力理想的具体实践。从全国来看，改革开放40余年，在我国沿海、沿江、沿线甚至内陆地区建立起国家级或省市级高新区、开发区、自贸区、保税区等，形成了类型众多、层次多样的多元化改革发展新格局。

党的十八大以来，中央对深圳提出的新要求，正体现着这种一贯思路的延续和战略高度的提升。深圳的拓荒意义不但没有过时，而且产生了新的内涵。深圳被赋予了中国特色社会主义先行示范区的新角色，从改革开放试验田，到社会主义先行示范区，这种身份的转变，是新时代进一步深化改革开放的新成果，也是深圳作为中国这个世界第二大经济体经济发展的重要驱动力在国际经济新格局中扮演的新角色。在习近平新时代中国特色社会主义思想指导下继续解放思想、真抓实干，改革开放再出发，在新时代走在前列，在新征程勇当尖兵，是新时代赋予深圳的新任务。在深化改革的过程中，不论是国家，还是以北京、上海、广州、深圳为代表的大城市所面对的国际政治形势和经济形势，比以往都要复杂很多，需要我们做出更睿智和更高瞻远瞩的决策，以应对更复杂的产业形势和政治形势。从这个角度看，新时代深圳改革开放、开拓进取的任务不是轻了，而是更重了；需要的勇气和毅力不是少了，而是更多了。

习近平新时代中国特色社会主义思想，是我们继续深化改革的指导思想和行动指南。在以习近平同志为核心的党中央的坚强领导下，因世界大势，应国内态势，以满足人民不断增长的物质文化生活需求为动力，在经济特区已有的经验基础上，围绕新时代经济特区发展进行深入理论思考和实践探索，完成城市发展与国家发展的统一，完成继承与创新的统一，为习近平新时代中国特色社会主义思想增添新的生动范例，为践行中国特色社会主义理论提供新的经验，推进新时代经济特区在经济、政治、文化、社会和城市生态等方面实现更高层次的发展，是新时代赋予深圳的新使命。

新时代推动新实践，新实践催生新思想，新思想呼唤新理论。讲好深圳故事既是时代所需，也是中国学者的责任。为了总结深圳经济特区建立40年来改革探索的经验，为深圳改革探索提供学者的观察和视角，深圳市社科院组织市内外的专家学者对深圳经济特区40年经济社会发展的路径进行了深入研究，形成了十部著作，作为《深圳改革创新丛书》的特辑出版。《深圳改革创新丛书》作为深圳推进哲学社会科学发展的重要成果，此前已经出版了六个专辑，在国内引起了一定的关注。这套《深圳经济特区建立40周年改革创新研究特辑》，既有对改革开放40多年来深圳发展历程的回顾，也有结合新使命而做的新探索。希望这些成果，为未来更深入和更高层面的研究，提供新的理论资源。这套丛书也是学界和中国社会科学出版社对深圳经济特区建立40周年的一份献礼。

编写组
2020年6月

目　　录

导论　深圳——中国道路的一个鲜活样本 …………………（1）
　　一　从边陲小镇发展为国际化大都市 …………………（1）
　　二　从大胆"试""闯"到深圳经验 …………………（7）
　　三　深圳经验印证中国特色社会主义道路的
　　　　正确性 …………………………………………（11）
　　四　从先行先试到建设中国特色社会主义
　　　　先行示范区 ……………………………………（22）

第一章　深圳——产业升级的排头兵 …………………（33）
　　第一节　完善市场体制机制，探索制度设计的先行
　　　　　　先试，增强经济发展的内生动力 …………（33）
　　第二节　制定合理的产业政策，划定工业控制线，
　　　　　　未雨绸缪防范"空心化" ……………………（45）
　　第三节　建立公平透明的营商环境，全方位降低企业
　　　　　　运营成本，激发市场主体活力 ……………（48）
　　第四节　简政放权打造"效率之城"，推出全市场化的
　　　　　　代建制改革 ……………………………………（51）

第二章 深圳——开放经济的试验田 …………… (55)

第一节 转变外贸增长方式，促进贸易结构转型
　　　升级 ………………………………………… (55)

第二节 创新利用外资，逐步实现投资发展的双轮
　　　驱动 ………………………………………… (58)

第三节 把握时代机遇，打造城市竞争优势 ………… (64)

第四节 发挥临港优势，共建国际一流湾区 ………… (68)

第三章 深圳——科技创新的引领者 …………… (73)

第一节 坚持以企业为主的市场模式，强化企业创新
　　　主体作用 …………………………………… (73)

第二节 破解制约创新驱动发展的突出矛盾，打通
　　　科技向现实生产力转化的通道 …………… (74)

第三节 "好字优先，快在其中"，逐步形成产业
　　　集聚的"南山模式" ………………………… (79)

第四节 以世界眼光加强顶层设计，创新发展对标
　　　全球"一流城市" …………………………… (82)

第五节 不断以制度创新、政策创新推动科技创新，
　　　破除制约创新的思想障碍和制度藩篱 ……… (84)

第四章 深圳——金融发展的领头雁 …………… (87)

第一节 坚持把深化金融改革作为根本动力，着力建设
　　　科技金融深度融合先行区 ………………… (87)

第二节 始终把服务实体经济作为根本目的，增强金融
　　　服务实体经济实效性，防止金融资源过度流向
　　　房地产 ……………………………………… (100)

第三节 时刻把化解金融风险作为根本任务，稳步推进
结构性"去杠杆" ……………………………（102）
第四节 把握"一带一路"重大机遇，加快国际化金融
创新中心建设 ………………………………（106）

第五章 深圳——法治建设的先行者 ………………（112）
第一节 全面依法治市，建设一流法治政府 ………（112）
第二节 立法先行先试，为改革攻坚提供引领
保障 …………………………………………（122）
第三节 推进司法改革，实现社会公正与效益 ……（128）

第六章 深圳——社会治理的标杆 …………………（139）
第一节 转变政府管理方式，着力打造公共服务型
政府 …………………………………………（139）
第二节 扶持门类齐全的社会组织有序发展，逐步
建立"小政府大社会"的社会治理
新格局 ………………………………………（147）
第三节 创新基层治理模式，实现多元主体合作
共治 …………………………………………（151）

第七章 深圳——城市生态文明建设的领跑者 ………（158）
第一节 着力打造绿色经济体系，促进绿色低碳
发展 …………………………………………（158）
第二节 强化生态环境整治，构建协同高效的污染
治理模式 ……………………………………（165）
第三节 优化城市空间布局，打造和谐宜居生态
环境 …………………………………………（168）

第四节 强化体制机制创新，实施环境监督改革项目 …………………………………………（172）
第五节 "生态第一考"，创建具有特区特色的生态文明建设绩效考评制度体系 ……………（178）
第六节 强化生态理念引领，打造口碑与效益兼具的生态文化品牌 ………………………（182）

第八章 深圳——文化建设和改革的先锋 ………（184）
第一节 城市定位科学，制定切实的文化战略 ……（184）
第二节 深化文化体制改革，助推文化创新发展 …………………………………………（189）
第三节 优化资源整合，推动文化跨越式发展 ……（194）
第四节 开拓国际视野，参与全球文化竞争 ………（197）

第九章 创新党的建设 ………………………………（201）
第一节 立足经济特区的特殊使命，为特区建设保驾护航 ……………………………（202）
第二节 适应市场经济发展趋势，加强新经济组织党的建设 ……………………………（204）
第三节 加强基层社会整合，全面推进社区党建标准化建设 ……………………………（210）
第四节 利用互联网技术，打造智慧党建 …………（214）

第十章 迈向全球标杆城市 …………………………（218）
第一节 从开放走向国际化 …………………………（218）
第二节 深圳国际化创新型城市建设的成就与目标 …………………………………………（222）

第三节　城市对外交往与深圳的国际化建设 ……… (232)
第四节　对外文化交往与深圳形象的对外传播 …… (237)
第五节　服务国家整体外交布局，积极响应
　　　　"一带一路"建设 …………………………… (239)

第十一章　从"改革开放排头兵"到"先行示范区"：
　　　　　40 年后再出发 ………………………………… (244)
第一节　打造高质量发展高地 …………………………… (245)
第二节　引领法治城市示范 ……………………………… (246)
第三节　塑造城市文明典范 ……………………………… (248)
第四节　树立民生幸福标杆 ……………………………… (250)
第五节　打造可持续发展先锋 …………………………… (252)
第六节　加强新时代党的建设创新，为先行示范区
　　　　建设提供坚强保证 …………………………… (253)

参考文献 …………………………………………………… (258)

后　记 ……………………………………………………… (262)

导论　深圳——中国道路的一个鲜活样本

一　从边陲小镇发展为国际化大都市

1980年，深圳经全国人大常委会批准，成为中国第一个经济特区。经过40年的发展，深圳发生了翻天覆地的变化。特别是党的十八大以来，深圳经济特区在习近平新时代中国特色社会主义思想的指引下，深入贯彻"创新、协调、绿色、开放、共享"的新发展理念，推动高质量发展，继续走在全国前列。

开放铸就国际化大都市。40年来，深圳从一个仅有3万多人口、两三条小街的边陲小镇，发展成为一座拥有2000多万人口，经济繁荣、创新时尚、社会和谐、功能完备、环境优美的创新型国际化都市，成为全国经济中心、科技创新中心、区域金融中心、商贸物流中心，在国际上知名度、影响力不断扩大。GDP从1979年的1.97亿元上升到2017年的2.24万亿元，仅次于北京、上海，与香港相当，跻身全球城市30强；人均GDP从1979年的606元增长到2017年的18.31万元（约2.71万美元）；地方一般公共预算收入从

1721万元增长到3332.13亿元；产业结构不断优化，三大产业产值比例从1979年的37∶21∶42调整为2017年的0.1∶40.5∶59.4，从过去以贸易、房地产和"三来一补"加工产业为主发展到今天以高新技术产业、金融业、现代物流业为支柱产业，现代服务业、战略性新兴产业和未来产业蓬勃发展。深圳凭借自身区位优势，充分利用国内国外两个市场，积极发展开放型经济。引进外资额逐年增大，从1979年引进1537万美元到2017年引进74亿美元，不断助推深圳经济飞速发展。2017年，深圳对外直接投资累计净额（存量）高达1404.7亿美元，占广东省对外直接投资存量的74%，在5个计划单列市中稳居第一，领跑全国。深圳是全球第三大集装箱港、亚洲最大陆路口岸、中国五大航空港之一，拥有华为、招商、平安、腾讯、万科、正威、恒大7家世界500强企业，吸引280多家世界500强企业前来投资。进入新时代，深圳以更加开放的姿态迎接未来，认真贯彻落实习近平总书记第一次视察深圳的指示精神，加快前海深港现代服务业合作区和前海蛇口自贸片区建设。几年来，前海的变化"一年一个样"，经济总量迈上千亿能级，世界500强企业、内地上市公司共在此投资设立企业上千家，累计注册企业从2012年的5215家，增长至16.86万家。

科技创新增添发展活力。深圳深入践行创新发展理念，大力推动技术创新和制度创新，建设国家创新型城市，并向全球"创新之都"迈进。2017年，深圳全社会研发投入超过900亿元，占GDP的4.13%，接近全球最高水平（如韩国、以色列）；PCT国际专利2.04万件，占全国的43.1%，平均一天55件发明专利，连续14年居全国城市第一位；国家高新技术企业总量已超过10988家，占广东省的49%，位居全国第二，仅次于北京，平均每平方千米有5.6家国家级高新技术企业。深圳高新技术产业增加值占GDP比重达32.8%，聚集了中国电子信息前十强的企业总部或区域总部，涌现出华为、腾讯、比亚迪、大疆、华大基因等一批具有国际竞争力的创新型龙头企业。世界知识产权组织（WIPO）等机构发布的《2017全球创新指数报告》显示，50%以上的国际专利申请发明人集中在全球30个热点地区，深圳—香港地区排名第二。近年来，深圳积极营造良好的创新综合生态，培育创新主体，激发创新活力。截至2017年年底，深圳累计建成创新载体1688家，共有6家诺贝尔奖科学家实验室，相继建成国家超级计算深圳中心、首个国家基因库等重大科技基础设施，成立南方科技大学，引入香港中文大学（深圳）、清华—伯克利等高校。人才是深圳创新发展的第一资源。1979年，深圳仅有1名工程师和325名技术人员；2018年，各类人才总量超过510万人，全职院士26人。

人民生活幸福程度高。深圳坚持以人民为中心，注重提高人民群众的获得感、幸福感、安全感。2017年，居民人均可支配收入52938.00元，用于教育、医疗等民生领域的支出占财政支出的七成，教育机构从改革开放初的341家增加到2440家，医疗卫生机构从62家增加到3419家。在全国首创"民生微实事"概念，由社区居民提出需求，政府通过项目实施，高效解决群众普遍关注的急事难事，提升教育、医疗、卫生、文化等各项民生福利水平。深圳是一个"移民"城市，"共享"发展理念深入人心，"来了就是深圳人"生动地表达了这一理念，给深圳的建设者以很强的归属感。对于原住居民，深圳建立社区股份公司，保障原住居民的利益。对于外来人口，深圳一方面积极推进外来人口向市民身份的转变，有层次地赋予全市居民社会福利待遇，如深化户籍制度改革，降低户籍门槛，技术、劳务人员都可以入户；有效解决非户籍职工基本养老保险、子女入学等问题。另一方面鼓励外来人口参与社会共治，激发社会主体活力。

生态环境优美宜居。深圳践行"绿色"发展理念，不断提升环境质量，优化生态格局，已成为一个生态优美宜居的城市，"深圳蓝""深圳绿"成为城市最亮色。深圳作为中国首批低碳试点和碳排放权交易试点城市，积极探索低碳环保发展模式，如基本完成对公交汽车和出租汽车的新能源替换，有效减少城市碳排放；严格控制工业能耗，单位工业增加值能耗近10年累计下降近60%；等等。在中国特大城市中，深圳的碳排放水平是最低的，碳排放增长也是最缓慢的。2005年，深圳在国内第一次提出了基本生态控制线的概念，全市面积的50%被划为生态保护区，森林覆盖率高达41.2%，2017年全市PM2.5年均浓度28微克/立方米，是全国空气质量最好的十大城市之一。建成人才公园、香蜜公园和深圳湾滨海西段休闲带等一批精品公园，建有全国唯一一个位于城市腹地、面积最小的自然保护区——广东内伶仃岛—福田国家级自然保护区。深圳先后获得国际建协亚洲首个城市规划奖、国际"花园城市"、联合国环境保护"全球500佳"、"国家园林城市"、"国家卫生城市"、"国家环境保护模范城市"、"全国绿化模范城市"、"全国优秀旅游城市"、"全国文明城市"等荣誉称号。

社会治理体系现代化水平和治理能力大幅提升。建设法治政府，率先提出建设"法治中国示范城市"，最早建立法治政府指标体系和考核标准，率先进行政府审批制度改革，减少审批事项，推进"放管服"和强化放权改革，政府转变职能成效显著。用好特区立法权和设区的市立法权，充分发挥立法"试验田"作用，创造了诸多立法"第一"，创造了大量的制度红利。为了建立和完善市场经济体制，深圳特区制定了一系列配合市场经济建设的法规，包括规范市场主体、市场产品与服务质量、市场行为规则、要素市场等方面的条例，如股份有限公司条例、商事条例、企业破产条例、行业协会条例、房地产市场条例等，为特区改革开放和经济社会发展发挥了引领推动作用。深圳法院全面推行"繁简分流，简案快办"机制，立案登记制改革为群众"找法院说理"敞开大门，司法责任制改革实现"让审理者裁判、由裁判者负责"，以审判为中心的刑事诉讼制度改革筑牢防范冤假错案堤坝，阳光司法机制让公平正义看得见、摸得着。基本解决"执行难"问题，成为全国司法领域的楷模。推进标准化办案工程，统一案件裁判标准，坚持入额法官、检察官必须在一线办案，员额统筹上向基层倾斜，入额的院庭长带头办案三个导向，改革成效显著，法官人均办案量逐年增加。深圳国际仲裁院坚持走国际化的道路，实现仲裁治理机制国际化。大力培育社会组织，鼓励社会组织积极参与社会自治。在全国率先建成城市级社会治理大数据库，推动信息惠民，全面打造15分钟公共服务圈。探索基层社会治理新模式，建立起了以社区综合党委为领导核心，以居委会、社区工作站、社区党群服务中心为依托，社区各类组织（如业主委员会、物业管理公司、驻区单位、股份公司等）多元主体多元互动、共建共享的"一核多元"新型城市治理格局。

从"文化沙漠"到"文化绿洲"。40年来，深圳探索出了一条推动文化跨越式发展的全新路径，积淀出独特的城市文化内涵和精神气质：如形成了"深圳十大观念"，包括时间就是金钱，效率就是生命；空谈误国，实干兴邦；敢为天下先；改革创新是深圳的根、深圳的魂；让城市因热爱读书而受人尊重；鼓励创新，宽容失败；实现市民文化权利；"送人玫瑰，手有余香"；深圳，与世界没有距离；来了就是深圳人。积淀、凝练了城市的"精气神"即独具特色的"深圳精神"：敢闯敢试、敢为天下先的改革精神；海纳百川、兼容并蓄的开放精神；追求卓越、崇尚成功、宽容失败的创新精神；"时间就是金钱、效率就是生命""空谈误国、实干兴邦"的创业精神；不畏艰险、勇于牺牲的拼搏精神；团结互助、扶贫济困的关爱精神；顾全大局、对国家和人民高度负责的奉献精神。打造了深圳"十大文化品牌"，包括莲花山邓小平塑像、深圳义工、深圳十大观念、深圳读书月、中国（深圳）国际文化产业博览交易会（文博会）、设计之都、华侨城、大鹏所城、华为、腾讯。探索出中国文化产业发展之路，首创"文化+科技""文化+创意""文化+金融"等崭新模式，文博会成为"中国文化产业第一展"。深圳文化创意产业持续快速增长，保持10%的增长速度，2017年增加值达2243亿元，增长14.5%。深圳拥有6000多家设计较强的企业和6万多名专业设计师，成为中国第一个入选全球"设计之都"的城市，同时享有"时尚之城""创客之城"的美誉。深圳读书月走过18年，被联合国授予"全球全民阅读典范城市"称号，连续3年被评为"中国十大数字阅读城市"。文艺精品获奖无数，2017年，深圳3件作品获中宣部"五个一工程"奖，占广东省获奖数的3/4；14部作品获评广东省"五个一工程"奖，获奖数居全省第一。深圳连续5年荣获全国文明城市殊荣。638家公共图书馆、284家24小时自助图书馆、46家博物馆、11家公共美术馆、71个文化馆（站）、380多个文化广场，构建了覆盖全市的公共文化设施网络，公共文化服务较好地满足了市民的需要。

二 从大胆"试""闯"到深圳经验

深圳是中国对内改革的试验田、对外开放的重要窗口和现代化建设的示范区，是中国特色社会主义道路的一个鲜活样本。深圳特区在中央的支持下，先行先试，大胆地"闯"，积累了宝贵的"深圳经验"，也为全国改革开放和现代化建设提供了经验借鉴。

（一）坚持党的领导，抓好党的建设

深圳是改革开放的一面旗帜，一个窗口，也是中国特色社会主义的样板。深圳经验最首要和最重要的一条就是坚持党的领导，首先，无论是深圳特区的成立，抑或是深圳改革开放发展每一个重要关口，都体现了党中央的坚强领导和亲切关怀，给深圳以政策支持和充分发挥智慧的空间；其次，深圳的成功也是在深圳各级党组织的坚强领导下取得的，是深圳各级党组织积极作为、勇于担当、开拓创新的结果；最后，正如党的十九大报告指出的，中国共产党的领导是中国特色社会主义最本

质的特征,深圳特区要体现中国社会主义的特征,必须坚持党的领导,深圳的发展充分证明了这一论断。

(二) 敢闯敢试、敢为人先,不断改革创新

深圳既是解放思想的产物,也是解放思想最大的受益者。邓小平同志指出:"看准了的,就大胆地试,大胆地闯。深圳的重要经验就是敢闯。"深圳经济特区从无到有,在无经验可鉴的情况下,敢于向旧体制、旧思想、旧习惯挑战,当别人还没有行动起来时,深圳人就已经迈开了步伐。深圳40年来做的每一件事情、遇到的每一个问题往往会与旧体制发生冲突,不突破旧体制的包围,不大胆改革,就无法推动特区的发展。例如,1987年,深圳率先借鉴香港土地制度的管理经验,对土地使用权进行转让、拍卖,直接违背了当时《宪法》有关条文的规定。全国第一例拍卖国有土地使用权、全国最早探索国有资产集中统一下的分类监管……深圳创造了无数个先行先试的成功案例,每一次先行先试都是一次大胆改革,实际上就是对旧体制的一次突围,对新体制的一个探索,无一不是解放思想大胆地试、大胆地闯的结果。深圳经济特区的发展历程正是解放思想敢试敢闯、改革创新的历程。

正是这种敢为人先的精神,让深圳在体制创新上屡创全国第一,让深圳在创新发展道路上越走越远,从而成为高新技术企业成长的沃土。在中国改革开放初期,很多企业都希望尽快做大尽快赚钱,放弃了技术研发,虽然凭着改革开放和经济快速发展的红利迅速做大,但走到现在却遇到很大瓶颈,大而不强。华为与联想的对比,最能说明这一问题。联想和华为1994年都推出了各自品牌的程控电话交换机,诞生于政治和科教资源极为丰富的北京的联想在这个需要持续研发投入的领域高开低走，做了没几年便迅速撤离，在"贸工技"的道路上越走越远，虽然之后成为全球第一的PC机厂商，但由于缺乏核心技术，利润很低；而诞生于勇立市场化经济潮头的深圳的华为，沿着技术创新这条路继续硬着头皮干下去，每年投入研发占营收的10%，在一次次硬仗中摔打成国际电信设备巨头。

（三）坚持对外开放，以开放促改革发展

深圳是中国对外开放的产物，每一个发展阶段都体现了开放水平的进一步提高。坚持扩大对外开放和外向型经济发展战略，发挥毗邻香港的区位优势，积极利用国内国际两个市场、两种资源，积极吸收和利用外商投资，引进先进的技术和管理经验，扩大出口，积极开展国际合作和交流，逐步建立起适应外向型经济发展的经济运行机制，深圳发展成为中国对外开放的重要窗口和与世界交流交往的重要门户。2017年，深圳进出口总额2.8万亿元，实际使用外资74亿美元，对外直接投资总存量超过850亿美元，居国内城市首位。习近平同志就任总书记第一站就来到了深圳前海，对前海建设提出要求。前海成为新时代深圳对外开放的前沿。深圳作为中国对外开放的窗口，以开放促发展，以开放促改革是其一大特点。

（四）坚持有效市场和有为政府相结合

正确处理政府与市场的关系是中国社会主义市场经济发展中的一个核心问题，是中国经济体制改革的一条主线。正确处理政府与市场的关系,就是要使市场在资源配置中起决定性作用,更好发挥政府作用。在这方面,深圳的经验可以总结为:坚持有效市场和有为政府相结合。两者是辩证统一的,只有充分发挥市场在资源配置中的基础性作用,才能尊重市场规律,建立真正的市场经济;同时,更好发挥政府作用充分体现了社会主义制度的优越性,政府积极作为,才能营造良好的市场环境,培育科学合理的市场机制。

深圳始终坚持市场在资源配置中的基础性作用,推行市场法治化,在全国率先建立多层次的资本市场和多种生产要素(包括人才、土地市场)。在国有企业混改方面,尊重企业的主体性和创造性。深圳在全国首先实行了行政审批改革,使企业的发展有一个良好的生态环境。2013年,深圳在全国首先实行了商事登记改革,为全国商事改革积累了经验。可以说,深圳民营经济发达、经济活力强,很大程度上得益于其市场化程度高。

深圳市政府积极作为,具体体现在简政放权、行政审批、商事登记、提高效率,还有党建和法治。在简政放权方面,深圳特区自成立以来,已先后进行了8次机构改革,每一次都是以减为先,政企分开、政事分开,通过改革,让政府回归公共服务的职能,该管的一定要管好,不该管的一定要放权。在提高政府效率方面,主要体现在公务员制度改革,实行聘任制,以及率先实行了大部制改革,为中央大部制改革提供了很多有益借鉴。还有,在企业党建方面,深圳结合民企、外企多的特点,探索五种流动党员的管理模式,对外资企业党建工作进行了规范。在吸引人才方面,深圳2004年就认识到人才对创新的重要性,提出了人才战略,出台了一系列吸引人才的措施。在依法治理方面，1992年深圳拥有特区立法权以后，先后出台了200多项地方法规，为深圳的发展提供了可靠的制度保障。深圳市政府坚持有所为的同时，还坚持有所不为，即不干预市场主体——企业的行为。任正非曾说过，深圳市政府做得比较好的一点，是政府基本不干预企业的具体运作。

（五）把社会看作一个有机整体，建设共享社会

深圳具有很强的包容性，"来了就是深圳人"生动地表达了深圳的开放性和包容性。深圳把整个社会看作一个有机的整体，坚持以人民为中心，提高人民群众的幸福感、获得感。对于原住居民，深圳建立社区股份公司，保障原住居民的利益，鼓励他们协助政府自治。对于外来人口，深圳深化户籍制度改革，降低户籍门槛，技术、劳务人员都可以入户。深圳流动人员比较多，政法委牵头，为流动人员采集信息，进行有效管理。医疗卫生方面，2007年就进行了医药价格改革。在社保方面，率先建立养老保险制度，允许非户籍职工享受基本养老保险。在教育方面，大力发展高等教育，不断提高基础教育水平。在文化方面，宣传部门出台政策促进文化类社会组织的健康发展，通过政府购买，丰富文化市场，不断提高公共文化服务水平。

三　深圳经验印证中国特色社会主义道路的正确性

深圳特区是在中国推进改革开放、开创和发展中国特色社会主义的宏大背景下诞生的。党中央、国务院做出创办经济特区的决策,从一开始就不是仅仅从特区的发展出发考虑问题的,而是把特区作为中国改革开放的试验场,先行一步,为现代化建设探索道路,为中国特色社会主义道路积累经验。对于深圳这个小地方,最初中央并不要求其创造多少 GDP,上缴多少财政收入,创造多少出口外汇,而是期望其能为改革开放和中国特色社会主义道路探路。深圳 40 年的发展没有辜负中央的期望,深圳为中国改革开放和中国特色社会主义道路"杀出一条血路",提供了丰富的经验,深圳的发展经验可以说是中国特色社会主义道路的缩影和写照,深圳的发展成就印证了中国道路的正确性和优越性。

(一)深圳经济特区是中国特色社会主义的"试验田"

深圳经济特区的创立和发展,是中国改革开放和中国特色社会主义的产物,是在中国特色社会主义大的框架内创立和发展的。深圳的发展不能脱离中央对中国特色社会主义的基本框架的设计,如在政治上要坚持四项基本原则,坚持社会主义基本制度,要在这一前提下探索经济体制改革、对外开放、民营经济的发展、政府职能转变、党的建设创新等经济社会发展问题。

深圳经济特区是由当时主政广东的习仲勋同志在充分深入地调研基础上提出建议,在邓小平同志亲自决策推动下建立的,在改革开放和中国特色社会主义不同发展时期,中央赋予了深圳特区不同的使命,在事关深圳前途命运的每个关键时刻,中央都给予过关怀和支持。改革开放初期,深圳承受着巨大的政治和舆论压力,1983 年《旧中国租界的由来》《痛哉!

〈租地章程〉》等文章对深圳进行各种非议和指责，出现了一些质疑办特区合理性的声音，深圳的同志也产生很多顾虑甚至观望不前。1984年1月，邓小平同志第一次视察深圳，充分肯定深圳的发展成就，指出："深圳的发展和经验证明，我们建立经济特区的政策是正确的。"肯定了特区是全国改革开放事业的有益探索，并强调特区的实践验证了中国特色社会主义道路的正确性，坚定了深圳继续"杀出一条血路来"的决心。他还对特区进一步定位，认为特区应该是技术、管理、知识和对外政策的窗口。从20世纪80年代末到90年代初，关于市场经济和特区姓"社"还是姓"资"等问题的争论愈演愈烈，严重干扰了改革开放基本国策的贯彻实施，深圳乃至全国的经济发展速度出现了明显下降。1992年1月，邓小平同志视察深圳等地并发表重要讲话（史称"南方谈话"），提出"三个有利于"的标准。深圳发展又重新步入快车道。20世纪90年代，有人认为深圳等特区的发展速度之所以领先其他地区，就是因为中央政府在税制政策上实行"歧视性"做法，要求取消给予特区的优惠政策。1994年6月，江泽民同志视察深圳，针对特区要不要"特"的争论，表明中央对经济特区的决心、政策以及特区在全国改革开放和现代化建设中的历史地位和作用都将不会改变。要求深圳不但要在率先实现社会主义现代化，而且要在国家现代化建设进程中继续充分发挥窗口、试验区和排头兵作用，为全国提供更多值得推广的经验。进入21世纪，新一轮发展浪潮席卷全国，东部沿海城市快速发展，东北振兴、中部崛起、西部大开发等国家层面的发展战略接踵而至，深圳不再有政策优势和地缘优势，有舆论断言深圳已经被"抛弃"。2003年4月，胡锦涛同志视察深圳，指出中央将一如既往支持经济特区大胆探索、先行先试,明确了特区并没有被"抛弃"。要求深圳在新的形势下不自满、不松懈、不停步,积极贯彻科学发展理念,要"加快发展,率先发展,协调发展",进一步完善发展思路,在深化改革、扩大开放和完善社会主义市场经济体制等方面,通过制度创新,全面建成小康社会,基本实现社会主义现代化,实现率先发展。

2012年以来,中国进入了全面建成小康社会的关键期和深化改革开放、加快转变经济发展方式的攻坚期。深圳在新一轮的全面深化改革中能扮演什么样的角色,如何才能当好改革的尖兵,更好发挥试验田和示范区的作用,成为摆在深圳人面前的问题。2012年12月,习近平总书记视察深圳,他要求深圳勇于冲破思想观念的障碍,勇于突破利益固化的藩篱,既不走封闭僵化的老路,也不走改旗易帜的邪路,做到改革不停顿、开放不止步,再一次强调"空谈误国,实干兴邦"。习近平总书记提出了"三个定位、两个率先",要求广东和深圳努力成为发展中国特色社会主义的排头兵、深化改革开放的先行地、探索科学发展的试验区,为率先全面建成小康社会、率先基本实现社会主义现代化而奋斗。

深圳经济特区还是"举国体制"的产物。"举国体制"是中国特色社会主义道路的特色,是中国改革开放成功的重要因素。深圳经济特区的成功得益于中央给予的政策倾斜,得益于中央政府在资源上的帮助,得益于其他地区的大力支持。

(二)深圳经验丰富了中国特色社会主义道路的内涵

深圳党的建设创新丰富了社会主义市场经济下党的建设理论。中国共产党的领导是中国特色社会主义最本质的特征。

习近平总书记在党的十九大报告中指出："伟大斗争，伟大工程，伟大事业，伟大梦想，紧密联系、相互贯通、相互作用，其中起决定性作用的是党的建设新的伟大工程。"① 党的建设与经济社会发展不可分割，相辅相成，相互促进。40年来，深圳各级党委发挥领导核心作用，把好"方向盘"，确保特区发展始终走在中国特色社会主义的正确轨道上；发挥"主心骨"作用，推动特区中心工作和各项事业的顺利推进；同时积极创新，在非公企业党建、社区党建、智慧党建等方面积极探索，积累了丰富经验。中国40多年改革发展实践证明：市场经济与中国共产党的领导和社会主义不是不相容的，凡是党的建设抓得比较好的，市场经济发展也比较好；凡是市场经济搞得好的，其党建工作也抓得比较好。企业和个人从党的建设中得到实惠，党在人民群众心目中的形象也越来越好。而往往是市场经济不发达，经济落后的地区，党的领导中出现官僚主义、教条主义现象比较严重。

坚持以市场为取向的经济体制改革，无疑也是中国改革开放的一条基本经验。深圳市场机制改革的成功和民营经济发展的成就印证了中国社会主义市场经济体制的成功。最能代表深圳改革开放特征的是"市场机制"+"民营经济"的发展格局，发挥市场配置资源决定性作用的市场经济体制和以民营经济为主体的混合所有制的经济制度，是深圳经济成功的重要制度保障。

深圳的社会主义市场经济体制改革的实践表明，坚持市场经济改革，最重要的是处理好市场与政府、民营企业和国

---

① 习近平：《决胜全面建成小康社会 夺取新时代中国特色社会主义伟大胜利——在中国共产党第十九次全国代表大会上的报告》，人民出版社2017年版，第17页。

有企业之间的关系。凡是坚持了正确的以市场为改革取向，处理好两对重要关系的时候，就会大大促进经济社会的健康发展，凡是工作中发生偏差或失误的时候，经济社会发展就会受到影响和损害。深圳鼓励民营企业的发展，有组织地对民营科技企业进行培育和扶持，出台了全国第一个《关于鼓励科技人员兴办民间科技企业的暂行规定》，在全国第一次提出民间科技企业不仅资金可以入股，而且商标、专利、技术等都可以以无形资产方式入股，这项规定使深圳诞生了像华为这样世界级的大公司，为深圳高科技产业发展和创新能力的提高打下了体制机制的基础。深圳最早在一批中小国有企业中大力推广经营者和员工持股，出台了《深圳市国有企业内部员工持股试点暂行决定》，从而为金地、华强等国有企业转换经营机制，进行产权改革提供了依据。21 世纪初，深圳根据中央关于国有企业"抓大放小"布局调整的要求，根据深圳的实际，对竞争性领域处于劣势的工业、流通、商贸、建筑等领域的国有企业，以经营者员工持股的方式进行产权改革，实行改制退出，对国有企业员工转化身份，进行经济补偿，纳入社会保障制度，基本完成了国有企业产权改革和布局调整任务，使大部分国有企业和员工走向市场。

深圳的技术创新活力成为新时代中国高质量发展的标杆。习近平总书记在党的十九大报告中指出："我国经济已由高速增长阶段转向高质量发展阶段，正处在转变发展方式、优化经济结构、转换增长动力的攻关期，建设现代化经济体系是跨越关口的迫切要求和我国发展的战略目标。"① 习近平总书

---

① 习近平：《决胜全面建成小康社会　夺取新时代中国特色社会主义伟大胜利——在中国共产党第十九次全国代表大会上的报告》，人民出版社 2017 年版，第 30 页。

记在视察广东发表的重要讲话中,对广东实现"高质量发展"提出了具体而明确的要求:"要发挥企业创新主体作用和市场导向作用,加快建立技术创新体系,激发创新活力。要大力发展实体经济,破除无效供给,培育创新动能,降低运营成本,推动制造业加速向数字化、网络化、智能化发展。要深入抓好生态文明建设,统筹山水林田湖草系统治理,深化同香港、澳门生态环保合作,加强同邻近省份开展污染联防联治协作,补上生态欠账。要切实保障和改善民生,把就业、教育、医疗、社保、住房、家政服务等问题一个一个解决好、一件一件办好。"[①] 高质量发展,已不仅仅是经济领域的高质量发展,必须包括创新体系建设、实体经济发展、生态文明建设和民生保障改善等四个方面的高质量。

高质量发展是由新时代中国社会主要矛盾发生变化决定的,是由产业升级和经济发展规律决定的。从经济领域的高质量发展而言,最核心的是依靠科技创新拉动经济发展。随着中国人口红利的消失和房地产发展大潮的退去,中国将进入真正靠科技力量拉动经济增长的时代,这是科创板等诞生的背景。深圳在创新驱动方面走在了全国前列,华为、腾讯、中兴、比亚迪、大疆、华大基因等通信、新能源、生物医药等新兴产业的佼佼者,已经与世界同行业的领先者发展同步,成为中国新兴产业发展的引领者,为中国高质量发展做出了榜样,积累了经验。深圳在实体经济发展、生态文明建设和民生保障改善等方面也有很多特色做法,成为全国的一个样本。

---

① 《习近平在广东考察时强调 高举新时代改革开放旗帜 把改革开放不断推向深入》,人民网,2018年10月26日,http://politics.people.com.cn/n1/2018/1026/c1024-30363434.html。

习近平总书记视察广东时强调:"广东是改革开放的排头兵、先行地、实验区,改革开放以来党中央始终鼓励广东大胆探索、大胆实践。广东40年发展历程充分证明,改革开放是党和人民大踏步赶上时代的重要法宝,是坚持和发展中国特色社会主义的必由之路,是决定当代中国命运的关键一招,也是决定实现'两个一百年'奋斗目标、实现中华民族伟大复兴的关键一招。总结好改革开放经验和启示,不仅是对40年艰辛探索和实践的最好庆祝,而且能为新时代推进中国特色社会主义伟大事业提供强大动力。要掌握辩证唯物主义和历史唯物主义的方法论,以改革开放的眼光看待改革开放,充分认识新形势下改革开放的时代性、体系性、全局性问题,在更高起点、更高层次、更高目标上推进改革开放。"① 显然,中国特色社会主义进入新时代,深圳要为全国在更高起点、更高层次、更高目标上推进中国改革开放做出示范。2012年12月,习近平总书记来到前海视察时强调,要敢于啃硬骨头,敢于涉险滩,大胆地往前走。几年来,前海的变化"一年一个样",经济总量迈上千亿能级,世界500强企业、内地上市公司在此投资设立企业上千家。截至2018年3月,累计注册企业从2012年的5215家,增长至16.86万家。前海还成立了深港青年梦工场,孵化创业团队304个,年轻人在这里迸发出创新创业激情。推进前海蛇口自贸区建设和前海开发开放,成为新时期中央的一项重大战略决策。这里承担着自由贸易试验、粤港澳合作、创新驱动等15个国家战略定位,成

---

① 《习近平在广东考察时强调 高举新时代改革开放旗帜 把改革开放不断推向深入》,人民网,2018年10月26日,http://politics.people.com.cn/n1/2018/1026/c1024-30363434.html。

为"特区中的特区",正成为带动深圳改革开放再出发的强劲引擎。前海建设有700多项全国首创的做法,为新时代中国更高水平上的对外开放积累了经验。

(三)深圳改革开放的成就彰显了中国特色社会主义"四个自信"

习近平总书记在党的十九大报告中指出:"中国特色社会主义进入新时代,意味着近代以来久经磨难的中华民族迎来了从站起来、富起来到强起来的伟大飞跃,迎来了实现中华民族伟大复兴的光明前景;意味着科学社会主义在二十一世纪的中国焕发出强大生机活力,在世界上高高举起了中国特色社会主义伟大旗帜;意味着中国特色社会主义道路、理论、制度、文化不断发展,拓展了发展中国家走向现代化的途径,给世界上那些既希望加快发展又希望保持自身独立性的国家和民族提供了全新选择,为解决人类问题贡献了中国智慧和中国方案。"[①] 中国改革开放40年来持续稳定的中高速增长以及所取得的巨大成就,足以说明中国特色社会主义的正确性和优越性,而最能体现和说明中国特色社会主义优越性的就是其"试验田",深圳经济特区是最具有代表性的一个。历史和实践充分表明,深圳是践行中国特色社会主义道路、理论和制度的光辉典范,彰显了中国特色社会主义"四个自信",主要体现在以下四个方面。

一是印证了中国特色社会主义道路的正确性。40年来,中国通过改革开放,实现了计划经济向社会主义市场经济、

[①] 习近平:《决胜全面建成小康社会 夺取新时代中国特色社会主义伟大胜利——在中国共产党第十九次全国代表大会上的报告》,人民出版社2017年版,第10页。

传统社会主义模式向中国特色社会主义的成功转变，深圳始终是这两个转变过程的探路先锋。深圳用事实回答了中国改革开放关键阶段遇到的"姓资""姓社"的疑问，证明了中国特色社会主义市场经济的成功。中国共产党的领导是中国特色社会主义最本质的特征，是中国特色社会主义制度的最大优势。深圳用铁一般的事实诠释了科学社会主义在21世纪的中国焕发出的强大生机活力，印证了中国共产党领导的正确性，彰显了中国特色社会主义的道路自信。

二是诠释了中国特色社会主义理论的科学性。深圳的每个发展阶段离不开邓小平理论、"三个代表"重要思想、科学发展观和习近平新时代中国特色社会主义思想的指导。深圳为中国特色社会主义理论的发展提供了丰富的养料，同时，也自觉运用科学理论指导自身发展，让科学理论在这片改革开放的沃土上开花结果。可以说，深圳经济特区发展的巨大成就，彰显了中国特色社会主义理论的科学性和伟大力量，彰显了中国特色社会主义的理论自信。坚持解放和发展生产力，坚持共同富裕、人民幸福，坚持中国共产党的领导、加强党的建设等中国特色社会主义理论每一条具体内容，都化为深圳改革开放的生动实践并取得巨大成就。特别是党的十八大以来，深圳以习近平新时代中国特色社会主义思想为指导，统筹推进"五位一体"总体布局，协调推进"四个全面"战略布局，大力实施"五大发展理念"，深化供给侧结构性改革，实施创新驱动战略，践行以人民为中心的发展思想，深圳改革开放取得了新的巨大成就。

三是体现了中国特色社会主义制度的优越性。改革开放40多年，中国社会主义市场经济的建立和发展需要改革计划经济体制下的一系列制度和体制，建立和完善符合社会主义市场经济规律、促进解放和发展生产力的一系列制度和体制。深圳充分发挥市场在资源配置中的决定性作用，在土地使用权拍卖制度、商事登记制度、特区立法等方面做出诸多有益探索，为相关制度体制的改革和完善提供了丰富的经验，特别是为中国特色社会主义基本经济制度、分配制度、法律制度的不断完善做出了重要贡献。深圳经济特区是中国"举国体制"的产物，是中国共产党和全国人民"集中精力办大事"取得的成果，体现了中国特色社会主义制度的鲜明优势，彰显了中国特色社会主义的制度自信。

四是展现了中国特色社会主义文化的先进性。中国特色社会主义文化植根于中国特色社会主义的伟大实践，也就是改革开放的伟大实践，可以说，改革开放的精神是中国特色社会主义文化的鲜明特征，而改革开放的精神就是改革创新精神和开放包容精神。深圳精神和深圳观念特别是敢闯敢试、先行先试的精神和"来了就是深圳人"的开放包容态度，是对中国改革开放精神最生动的诠释。可以说，深圳独特的文化，展现了中华优秀传统文化的深厚底蕴，凸显了革命文化和社会主义先进文化的独特魅力，彰显了中国特色社会主义的文化自信。

深圳不仅是中国发展最好的经济特区，而且在世界经济特区中也是数一数二的。英国《经济学人》评价道："改革开放近40年，中国最引人注目的实践是经济特区。全世界超过4000个经济特区，头号成功典范莫过于'深圳奇迹'。"深圳用事实向世界展示了中国特色社会主义的勃勃生机和光明前景，论证了改革开放是坚持和发展中国特色社会主义的必由之路的正确性，诠释了中国特色社会主义优越性。深圳经济特区的成功经验正越来越为国际社会所重视，越来越成为国外特区建设的有益参考，深圳吸引越来越多的外国政要和专家前来"取经"，学习办经济特区的经验。同时，众多研究中国特色社会主义的海外人士也纷纷来到深圳这块"试验田"，寻求中国特色社会主义成功的密码，可以说，理解了深圳这片改革开放的热土，就能深刻理解中国特色社会主义蕴含的中国智慧和中国力量。

四 从先行先试到建设中国特色社会主义先行示范区

改革开放40多年，深圳领改革开放之先风，先行先试，敢闯敢干，建设成了世界最成功的经济特区，作为中国改革开放试验田和中国特色社会主义排头兵，深圳交出了一份完美答卷。改革开放40年再出发，中国特色社会主义这艘巨轮将朝着社会主义现代化国家的目标继续航行，深圳经济特区如何继续扮演"先行者""尖兵"的角色，续写新时代中国特色社会主义光辉典范的美好篇章呢？这是摆在深圳特区面前的重大问题，更是党中央从新时代中国特色社会主义发展角度谋划的重大战略问题。2018年10月，习近平总书记在党的十九大后再次视察深圳，要求深圳"朝着建设中国特色社会主义先行示范区的方向前行，努力创建社会主义现代化强国的城市范例"。由此，深圳从我国改革开放的"窗口""试验田"进入"中国特色社会主义先行示范区"的发展阶段。2019年2月，《粤港澳大湾区发展规划纲要》正式发布，要求深圳继续发挥作为经济特区、全国性经济中心城市和国家创新型城市的引领作用，加快建成现代化国际化城市，努力成为具有世界影响力的创新创意之都。2019年8月9日，《中共中央国务院关于支持深圳建设中国特色社会主义先行示范区的意见》（以下简称《意见》）正式印发，为深圳当好新时代中国特色社会主义发展的"排头兵"绘制了蓝图，明确了深圳建设中国特色社会主义先行示范区的指导思想、战略定位、发展目标、重点任务、保障措施等。

指导思想：习近平新时代中国特色社会主义思想。

战略定位：高质量发展高地、法治城市示范、城市文明典范、民生幸福标杆、可持续发展先锋。

发展目标：到2025年，建成现代化国际化创新型城市；到2035年，建成具有全球影响力的创新创业创意之都，成为我国建设社会主义现代化强国的城市范例；到本世纪中叶，成为竞争力、创新力、影响力卓著的全球标杆城市。

重点任务：率先建设体现高质量发展要求的现代化经济体系；率先营造彰显公平正义的民主法治环境；率先塑造展现社会主义文化繁荣兴盛的现代城市文明；率先形成共建共治共享共同富裕的民生发展格局；率先打造人与自然和谐共生的美丽中国典范。

保障措施：全面加强党的领导和党的建设；强化法治政策保障；完善实施机制。①

---

① 参见《中共中央国务院关于支持深圳建设中国特色社会主义先行示范区的意见》，中华人民共和国中央人民政府网，http://www.gov.cn/xinwen/2019－08/18/content_5422183.htm。

建设中国特色社会主义先行示范区的使命可以简单概括为"探索新路径、做出新表率、打造新标杆"即率先探索全面建设社会主义现代化强国新路径,努力创建社会主义现代化强国的城市范例,打造具有卓越竞争力、创新力、影响力的全球标杆城市,这是以习近平同志为核心的党中央部署和推动新时代中国特色社会主义法治的重大国家战略,党中央对深圳未来发展寄予厚望、赋予重任。

(一)建设中国特色社会主义先行示范区的重大意义

深圳建设中国特色社会主义先行示范区的提出意义重大,《意见》指出:"中国特色社会主义进入新时代,支持深圳高举新时代改革开放旗帜、建设中国特色社会主义先行示范区,有利于在更高起点、更高层次、更高目标上推进改革开放,形成全面深化改革、全面扩大开放新格局;有利于更好实施粤港澳大湾区战略,丰富'一国两制'事业发展新实践;有利于率先探索全面建设社会主义现代化强国新路径,为实现中华民族伟大复兴的中国梦提供有力支撑。"①

一是为在更高起点、更高层次、更高目标上推进改革开放积累新经验。40多年来,中国改革开放无疑是成功的。2018年10月25日,习近平总书记在广东考察时强调:"广东40年发展历程充分证明,改革开放是党和人民大踏步赶上时代的重要法宝,是坚持和发展中国特色社会主义的必由之路,是决定当代中国命运的关键一招,也是决定实现'两个一百年'奋斗目标、实现中华民族伟大复兴的关键一招。总结好

---

① 《中共中央国务院关于支持深圳建设中国特色社会主义先行示范区的意见》,中华人民共和国中央人民政府网,http://www.gov.cn/xinwen/2019-08/18/content_5422183.htm。

改革开放经验和启示，不仅是对40年艰辛探索和实践的最好庆祝，而且能为新时代推进中国特色社会主义伟大事业提供强大动力。"① 虽然，40多年来中国改革开放取得了巨大成就，也积累了丰富的经验，新时代，面临国际国内新的复杂形势，我们如何在更高起点、更高层次、更高目标上推进改革开放，仍是摆在我们面前的重大课题。习近平总书记指出，当今世界正处在大发展大变革大调整时期，我们正面临着百年未有之大变局。"百年未有之大变局"主要有两个显著的内涵：第一是以中国为代表的新兴市场国家和发展中国家在崛起，同时以美欧为代表的西方国家相对而言在走下坡路、综合实力在下降。第二是世界面临的不稳定性、不确定性日益突出，世界经济增长动能不足、贫富分化加剧、非传统安全问题蔓延等全球性问题成为人类面临的共同挑战。在这样的大背景下，逆全球化势头增长，国际贸易摩擦不断加剧，最明显的表现在世界上最大的两个经济体中国和美国的贸易摩擦不断加大。面对"百年未有之大变局"，我们如何进一步推进对外开放，利用好国际市场和资源，是一个很大的挑战。深圳处于中国开放最前沿，是中国对外交往和合作的桥头堡，深圳建设新时代中国特色社会主义对于我国在当前复杂的国际形势下进一步推进全面开放具有重大意义。另一方面，中国特色社会主义进入新时代，中国社会主要矛盾已经转化为人民日益增长的美好生活需要和不平衡不充分的发展之间的矛盾，新时代中国特色社会主义发展面临更多深层次的矛盾和问题，如如何通过改革和发展，在解决了人民群众的温饱

---

① 《习近平在广东考察时强调 高举新时代改革开放旗帜 把改革开放不断推向深入》，中国新闻网，https://www.chinanews.com/gn/2018/10－25/8660020.shtml。

问题基础上，满足其在民主、法治、公平、正义、安全、环境等方面日益增长的需求。建设先行示范区，就是要求深圳在进一步深化改革上迈出新步伐，积累新经验。因此，深圳建设新时代中国特色社会主义先行示范区对我国新时代全面深化改革意义重大。

二是助力粤港澳大湾区战略实施，维护"一国两制"方针。深圳建设先行示范区使粤港澳大湾区更富想象空间。建设粤港澳大湾区旨在充分认识和利用"一国两制"制度优势、港澳独特优势和广东改革开放先行先试优势，解放思想、大胆探索，不断深化粤港澳互利合作，进一步建立互利共赢的区域合作关系，推动区域经济协同发展，为港澳发展注入新动能，为全国推进供给侧结构性改革、实施创新驱动发展战略、构建开放型经济新体制提供支撑，建设富有活力和国际竞争力的一流湾区和世界级城市群，打造高质量发展的典范。粤港澳大湾区建设是在"一国两制"指导下合作的伟大实践。"一国两制"凸显"一国"，体现"两制"，在"一国"前提和框架下推动两种制度经济体的全方位合作，对于丰富"一国两制"的实践意义十分重大。在这种区域合作格局中，深圳被赋予中国特色社会主义先行示范区的使命，具有十分特殊的意蕴。深圳是粤港澳大湾区四个中心城市之一，是重要引擎之一，深圳要在与香港、澳门合作和协调中，学习资本主义的先进经验，探索新时代中国特色社会主义的发展路径；同时，深圳的发展方向、发展规划、发展质量等将直接影响和推动粤港澳大湾区区域的发展，深圳所彰显的社会主义制度的优越性也将对香港、澳门实行的资本主义资本产生重大影响。

三是为完善和发展中国特色社会主义、推动国家治理体系和治理能力现代化探索新路径。支持深圳建设中国特色社会主义先行示范区,是以习近平同志为核心的党中央发展新时代中国特色社会主义的战略考量。"中国特色社会主义先行示范区"不同于以往提出的"沿海开放城市""保税区""自贸区""先行示范区"等概念,它对标的不是具体的经济和贸易制度变革功能,而是"中国特色社会主义"这个宏大框架。党的十八大报告提出"两个一百年"奋斗目标:第一个一百年,是到中国共产党成立一百年时(2021年)全面建成小康社会;第二个一百年,是到新中国成立一百年时(2049年)建成富强、民主、文明、和谐、美丽的社会主义现代化强国。第一个一百年目标即全面建成小康社会即将实现,我们将进入第二个一百年目标的实现阶段。支持深圳建设中国特色社会主义先行示范区,就是要求深圳为实现第二个一百年目标、实现中华民族的伟大复兴先行先试,探索新路径,使深圳成为中国建设社会主义现代化强国的城市范例。支持深圳建设先行示范区是实现中华民族伟大复兴的一个战略布局,同时也是新时代中国特色社会主义事业的战略布局。中国特色社会主义道路没有现成的母版,需要中国共产党不断地开辟和发展,需要将科学社会主义理论与中国发展新实践相结合,不断开辟中国特色社会主义新境界,深圳被光荣地赋予了这一使命。

(二)深圳奋力谱写中国特色社会主义先行示范区壮丽篇章

为全面贯彻落实《意见》,深圳市委、市政府印发了《深圳市建设中国特色社会主义先行示范区的行动方案（2019—2025年）》（以下简称《行动方案》），围绕先行示范区建设的战略定位、阶段发展目标和重点任务，为奋力谱写中国特色社会主义先行示范区壮丽篇章谋划"施工图"，制订"任务书"。《行动方案》不仅对照"五个率先"明确八方面具体举措，而且还制订了7项重大牵引性工作，切切实实地将《意见》每一项任务逐一细化、分解、落实。建设中国特色社会主义先行示范区，深圳要做好以下几点。

一是以粤港澳大湾区建设为契机，构建全面开放新格局。2018年10月，习近平总书记在视察深圳时指出："深圳要扎实推进前海建设，拿出更多务实创新的改革举措，探索更多可复制可推广的经验，深化深港合作，相互借助、相得益彰，在共建'一带一路'、推进粤港澳大湾区建设、高水平参与国际合作方面发挥更大作用。"[①] 前海承担着自由贸易试验、粤港澳合作、创新驱动等15个国家战略定位，是"特区中的特区"，正成为带动深圳改革开放再出发的强劲引擎。构建"大前海"发展格局，大力拓展对外合作新通道，推动自贸片区加快建成高水平对外开放门户枢纽和粤港澳深度合作示范区。《行动方案》提出，全面深化前海改革开放。力争前海蛇口自贸片区和前海深港现代服务业合作区实现双扩区。探索实施和港澳趋同的税收制度。推动对接港澳人员货物通关、免税消费、证书互认等开放措施。先行先试金融开放政策，支持深圳证券交易所在前海设立大湾区债券平台。大力引进国际金融机构，打造前海国际金融城。深圳还提出，主动与澳门

[①] 《习近平在广东考察时强调　高举新时代改革开放旗帜　把改革开放不断推向深入》，中国新闻网，https://www.chinanews.com/gn/2018/10-25/8660020.shtml。

联手，开拓葡语国家市场。构建"一带一路"交流合作新载体，拓展与"一带一路"沿线国家和地区经贸合作，完善企业"走出去"服务体系。

二是以高质量发展为导向，深入推进创新驱动发展战略。深圳强化产业、研发、市场、资本、人才等全要素协同，实施综合创新生态优化计划，坚定不移建设更具国际竞争力的创新之都。深圳提出："到2020年，基本建成现代化国际化创新型城市，到2035年，建成可持续发展的全球创新之都，到本世纪中叶，成为竞争力影响力卓著的创新引领型全球城市。"①《行动方案》对科技创新的规划可谓浓墨重彩：依托光明科学城和深港科技创新合作区，扎实做好深圳综合性国家科学中心建设工作，全力争取国家和广东省把更多重大科技资源布局在深圳；高标准编制光明科学城总体发展规划和空间规划，全力推进装置集聚区、光明中心区、产业转化区等重点片区规划建设，聚焦信息、生命、材料科学与技术等重点领域集中布局重大科技资源及产业项目，打造粤港澳大湾区综合性国家科学中心集中承载区；建立部省市合作共建机制，整合高新区人才、技术、产业等创新资源，推动西丽湖国际科教城开展科技创新和高等教育体制机制改革。加快编制西丽湖国际科教城空间规划纲要，加快建设西丽高铁新城等重大基础设施，打造产学研用深度融合的世界一流科教城。围绕坂雪岗科技城核心园区，构建一批集聚电子信息产业高端研发和制造企业的支撑型产业园区体系，以产业跨界融合和智能化发展为主攻方向，打造产学研一体化发展、自

---

① 《中共深圳市委六届九次全会召开》，人民网，http://sz.people.com.cn/n2/2018/0115/c202846-31141609.html。

主可控的世界级5G产业基地。

深圳坚定不移贯彻以人民为中心的发展思想，落实新发展理念，建设现代化经济体系。进一步全面深化改革，着力在营商环境、前海开发开放等领域推出一批标志性、引领性的改革举措，深入推进自贸区改革试点、深化商事制度改革、推进知识产权综合管理改革、创新人才公共服务、减轻企业负担、完善社会信用体系等。深化供给侧结构性改革，打好防范化解重大风险攻坚战，逐步健全与供给侧结构性改革相适应的产业、投资、土地、财税、金融等制度供给和高质量的法治供给体系。深入推进深圳质量、深圳标准建设，全面提升产品、工程、服务、环境等各领域质量，打造更具时代引领性的深圳品牌，做强更具比较优势的深圳制造。持续开展发展成果惠民行动，出台政策鼓励更多社会资本参与教育、医疗、文化、养老等供给，努力为市民提供更多更优质的公共服务，率先构建全面共建共享共同富裕的民生发展格局。加快建设美丽深圳，打造更加和谐宜居的城市环境。推动城乡、区域、物质文明和精神文明协调发展。扎实推进"文化创新发展2020"，增强城市文化软实力。

三是坚持和加强党的领导，进一步完善现代化治理体系和治理能力。认真学习习近平新时代中国特色社会主义思想，特别是深刻领会习近平总书记考察广东时的重要讲话精神，牢固树立"四个意识"，坚定"四个自信"，坚决维护习近平总书记党中央的核心、全党的核心地位，坚决维护以习近平同志为核心的党中央权威和集中统一领导，充分发挥党的领导核心作用，确保特区新时代改革开放事业沿着正确的方向前进。严明政治纪律和政治规矩，落实新形势下党内政治生活若干准则，涵养风清气正的政治生态。继续推进作风建设，规范政商交往行为，加快构建亲清新型政商关系。深入推进"放管服"改革，进一步提高政府效率和依法行政水平，坚持和完善中国特色社会主义行政体系，建设职责明确、依法行政的政府治理体系。加强精细化管理，细化城市管理的法规规章、开展城中村环境综合治理、加强社会治理创新等，努力提升城市治理现代化水平，率先营造共建共治共享的社会治理格局。

四是以科学的世界观和方法论推动新时代改革开放。习近平总书记在考察广东时强调："要掌握辩证唯物主义和历史唯物主义的方法论，以改革开放的眼光看待改革开放，充分认识新形势下改革开放的时代性、体系性、全局性问题，在更高起点、更高层次、更高目标上推进改革开放。"① 他在庆祝改革开放40周年大会上又强调："必须坚持辩证唯物主义和历史唯物主义世界观和方法论，正确处理改革发展稳定关系。改革开放40年的实践启示我们：我国是一个大国，决不能在根本性问题上出现颠覆性错误。我们坚持加强党的领导和尊重人民首创精神相结合，坚持'摸着石头过河'和顶层设计相结合，坚持问题导向和目标导向相统一，坚持试点先行和全面推进相促进，既鼓励大胆试、大胆闯，又坚持实事求是、善作善成，确保了改革开放行稳致远。"② 马克思主义哲学是中国共产党的看家本领，要运用辩证唯物主义和历史唯物主义的方法论，在改革开放40年的基础上认识新时代改

---

① 《习近平在广东考察时强调 高举新时代改革开放旗帜 把改革开放不断推向深入》，中国新闻网，https://www.chinanews.com/gn/2018/10-25/8660020.shtml。

② 习近平：《在庆祝改革开放40周年大会上的讲话》，人民出版社2018年版，第36页。

革开放，形成改革开放再出发的科学思想方法。既要不忘改革开放初心，总结改革开放40年成功经验，又要深刻把握新时代国际国内形势发生的广泛而深刻的变化，认清改革发展面临的新形势新任务新挑战。

五是用新时代深圳精神凝聚城市发展的强大正能量，努力建设竞争力、创新力、影响力卓著的全球标杆城市。建设先行示范区，建成竞争力、创新力、影响力卓著的全球标杆城市，对深圳来说，既没有现成的模式可以照搬，也没有太多的经验可以借鉴，这一伟大目标和崇高使命，不是轻轻松松就能完成的，需要强大的城市精神凝心聚力、攻坚克难。《意见》强调，要"进一步弘扬开放多元、兼容并蓄的城市文化和敢闯敢试、敢为人先、埋头苦干的特区精神"。为全面贯彻《意见》精神，深圳总结出"敢闯敢试、开放包容、尚法务实、追求卓越"的新时代深圳精神，这一精神是40年来形成的特区精神的继承和发展，又反映了新时代深圳的发展要求。建设中国特色社会主义先行示范区，深圳要用新时代深圳精神凝聚强大正能量，为深圳建成竞争力、创新力、影响力卓著的全球标杆城市提供强大思想动力。

第一章 深圳——产业升级的排头兵

第一节 完善市场体制机制，探索制度设计的先行先试，增强经济发展的内生动力

改革开放以前，深圳市（原宝安县）工业生产以农业服务和农副产品加工为主，工业没有根本性的发展，经济比较落后。改革开放以后，深圳成为经济特区，工业开始真正起步，随着产业结构的转型与升级，深圳的经济发展突飞猛进。

一 20世纪70年代末第一次产业转型与升级

20世纪70年代末，首家"三来一补"企业在深圳签约成功，拉开了第一次产业转型的序幕。"三来一补"是指中国企业与国外、港澳地区企业之间进行的来料加工、来样加工、来件装配和补偿贸易四种经济合作方式的总称。

20世纪80年代，深圳发挥其毗邻香港的区位优势，以接受香港制造业转移为契机，大力发展以"三来一补"为主的劳动密集型加工制造业和与之配套的商贸服务业，完成

从第一产业向第二产业和第三产业的转型。与此同时，深圳依靠经济特区的优惠政策、口岸交通便利、劳动力价格低等优势，大力吸收国外资本。此时深圳第二产业以电子、服装、纺织、皮革、食品饮料、玩具、钟表等劳动密集型轻工业为主，并成为当时的主导支柱产业。随着国内外投资洽谈客商的增多与劳动力数量的迅速增长，以商贸、旅店等服务业为主的第三产业也获得一定程度的发展。由表1-1和图1-1可以看出，第一产业占GDP的比重在这一时期迅速下降，第二产业的比重迅速上升，第三产业的比重也有所增加。需要说明的是，尽管在改革开放初期第三产业的占比已经很高，但该时期深圳服务业主要以住宿、餐饮和低端服务为主。

表1-1　　　　1979—2016年深圳生产总值三次产业构成　　（单位：%）

年份	地区生产总值	第一产业	第二产业	第三产业	工业	建筑业
1979	100	37.0	20.5	42.5	11.8	8.7
1980	100	28.9	26.0	45.1	13.8	12.2
1981	100	26.9	32.3	40.8	16.8	15.5
1982	100	22.9	38.1	39.0	11.6	26.5
1983	100	17.2	42.6	40.2	17.1	25.5
1984	100	11.1	45.5	43.4	22.1	23.4
1985	100	6.7	41.9	51.4	26.2	15.7
1986	100	7.9	39.2	52.9	25.6	13.6
1987	100	8.3	39.4	52.3	29.4	10.0
1988	100	6.6	41.3	52.1	31.6	9.7
1989	100	5.9	43.7	50.4	34.6	9.1

续表

年份	地区生产总值	第一产业	第二产业	第三产业	工业	建筑业
1990	100	4.1	44.8	51.1	37.6	7.2
1991	100	3.4	47.6	49.0	39.3	8.3
1992	100	3.3	48.0	48.7	37.1	10.9
1993	100	2.4	53.4	44.2	39.9	13.5
1994	100	2.1	52.9	45.0	42.1	10.8
1995	100	1.5	50.1	48.4	40.0	10.1
1996	100	1.4	48.3	50.3	39.9	8.4
1997	100	1.1	47.6	51.3	40.0	7.6
1998	100	1.0	48.4	50.6	41.1	7.3
1999	100	0.8	49.9	49.3	43.2	6.7
2000	100	0.7	49.7	49.6	44.0	5.7
2001	100	0.7	49.5	49.8	44.5	5.0
2002	100	0.6	49.3	50.1	45.0	4.3
2003	100	0.4	50.7	48.9	46.6	4.1
2004	100	0.3	51.6	48.1	48.1	3.5
2005	100	0.2	53.4	46.4	50.4	3.0
2006	100	0.1	52.6	47.3	49.8	2.8
2007	100	0.1	50.2	49.7	47.6	2.6
2008	100	0.1	49.6	50.3	47.1	2.5
2009	100	0.1	46.1	53.8	43.3	2.8
2010	100	0.1	46.2	53.7	43.3	2.9
2011	100	0.1	46.3	53.6	43.3	3.0
2012	100	0.1	44.1	55.8	41.2	2.9
2013	100	—	43.2	56.8	40.2	3.1

续表

年份	地区生产总值	第一产业	第二产业	第三产业	工业	建筑业
2014	100	—	42.6	57.4	39.8	2.9
2015	100	—	41.2	58.8	38.5	2.7
2016	100	—	39.9	60.1	37.3	2.7

资料来源：《深圳统计年鉴（2017）》。

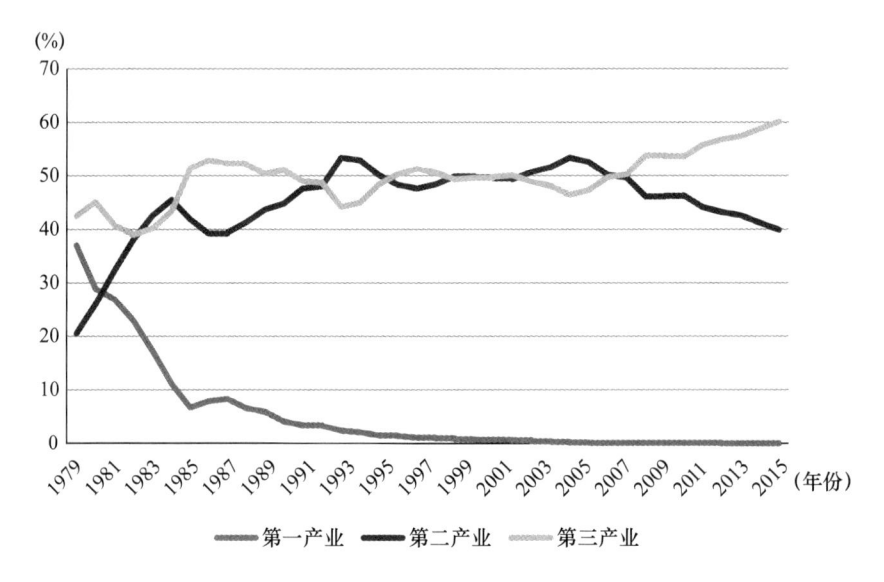

图 1-1　1979—2016 年深圳生产总值三次产业构成

资料来源：《深圳统计年鉴（2017）》。

由图 1-2 可以看出，建筑业在第一次产业升级中获得了迅猛的发展，这主要是由于外国直接投资与内地企业投资的增加，大量用于投资建厂与兴建房屋，修建交通、管道、办公场所等基础设施。与此同时，工业在这一阶段有了长足的发展，建成了以轻型制造业为主的外向型工业体系。以制造业为主的产业体系促进了深圳对外贸易的发展。

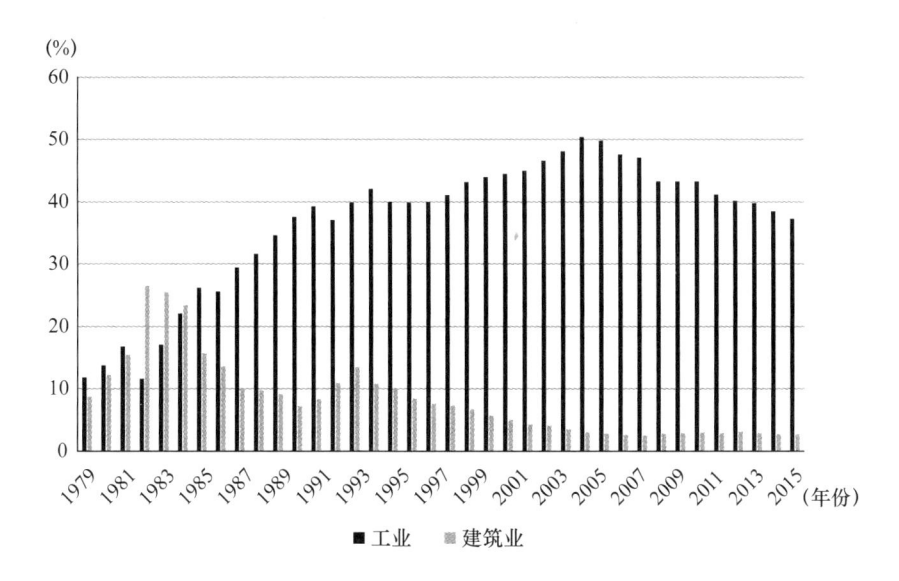

图 1-2　1979—2016 年工业与建筑业产业构成

资料来源：《深圳统计年鉴（2017）》。

二　20 世纪 90 年代第二次产业转型与升级

20 世纪 90 年代高新技术产业蓬勃发展，此时深圳抓住国际产业转移，尤其是 IT 业转移的契机，适时谋求产业升级，转向发展大型企业和高科技项目。此时以加工业为主的第二产业发生了质的变化，从原料工业为重心向加工、组装为重心的方向发展，从而降低了对原料工业的依赖。简单劳动密集型加工工业向周边地区转移，深圳着力打造以电子信息产业为龙头的高新技术产业，产业结构向更高端方向发展。

对于第三产业，由表 1-1 可以看出，深圳自改革开放以来，第三产业就占据重要位置，随着多年来第三产业的发展，其占生产总值的比重变化较小，基本稳定在 40%—55%，然而其内部结构却发生了较大变化。第二次产业升级前，第三产业主要以贸易、商业、住宿餐饮业为主,而在第二次转型升级期间,金融、保险、物流、交通、通信、能源等新兴产业有了较大发展(如图1-3所示)。

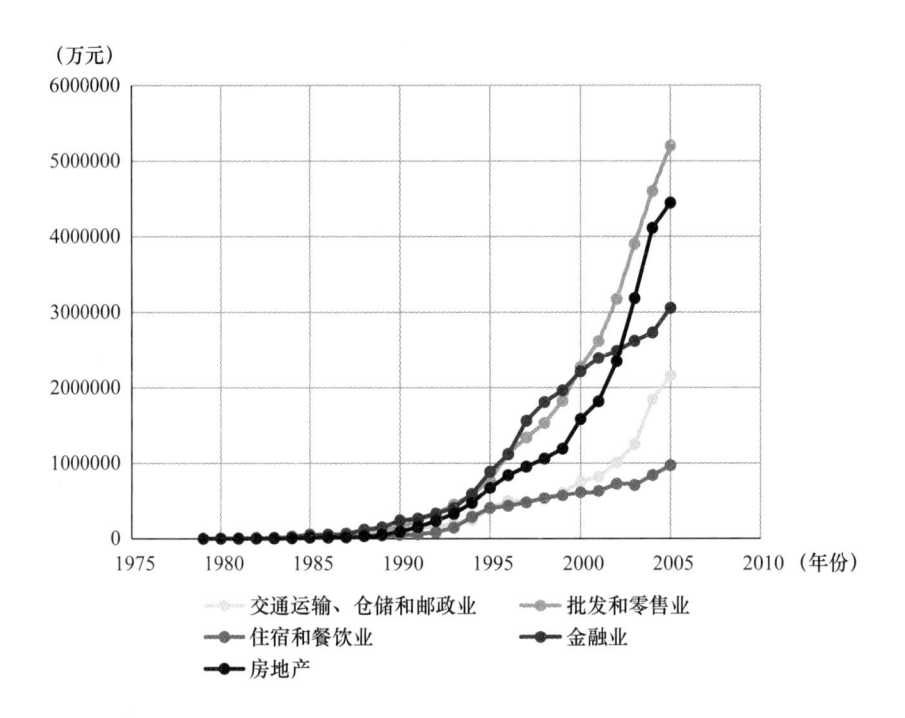

图1-3 相关行业生产总值

资料来源:《深圳统计年鉴(2017)》。

三 21世纪的第三次产业转型与升级

优良的产业结构是经济持续健康发展的基石,而2005年,深圳在持续发展方面遇到重大瓶颈,土地、能源、人口和环境承载力四个方面都难以支持当时的发展模式,城市产业结构亟待转型。在经历此前的高速增长后,深圳可供开发的土地急速减少,成本一路上涨,水资源更是消耗严重,成为中国严重缺水的七个城市之一,人口的迅速膨胀也带来了环境问题。2006年,深圳市委发出1号文件《关于实施自主创新战略建设国家创新型城市的决定》,正式开启了轰轰烈烈的"改结构"之路。为了有效应对国际复杂的金融环境,深圳市政府全面贯彻落实科学发展观,确立了高新技术产业和现代服务业"双驱动"的战略规划,并制定了一系列产业规划与配套政策举措。国内城市之间的竞争也愈发激烈,还需面临国际大城市的竞争压力,在这样的情境下,深圳提出,要把"完善区域创新体系摆到更加突出的位置",发挥人才的创新作用,以人才为核心,重视高新技术发展,先行一步,提高产业的核心竞争力。

"十一五"是深圳完成产业结构优化的关键时期,在这期间,深圳实现了由传统制造基地向创新科技之城的转变,不仅产业总量持续增长、产业效率得到大幅提升、产业结构初步扭转。值得注意的是,2005年深圳的制造业结构指数仅为1405.07,到了2010年这一数字增长至1529.08,低于同期其他新一线城市。这是由于深圳的GDP增量很大程度并非来自于传统制造业,深圳在石油、汽车制造、机电设备等重工业行业涉足较少,而是来自重点发展的电子与信息等新兴行业。

在城市服务业方面,深圳也实现了迅速扩张,2005年深圳的第三产业结构指数达到1953.14,到了2010年大幅增长至3267.03,其中贡献主体为"十一五"期间重点发展的金融业和房地产业。在《深圳经济特区金融发展促进条例》《关于加快保险业改革发展建设全国保险创新发展试验区的若干意见》等一干举措的刺激下,深圳金融业和房地产业取得突破性进展,带动第三产业产值总量大幅增长。

2005年深圳以"十一五"规划为蓝图，大力优化产业结构，以产业多元化促进产业高级化，继续发展高新技术产业，大力发展现代金融、物流、文化产业，精心培育新能源、生物科技、互联网等新兴战略性产业，同时注重提高自主创新能力，推动经济发展向创新驱动转变，走出了一条以企业为主体的自主创新道路，成为中国品牌之都和首个国家创新型城市。在这一时期，地方政府通过推动企业走创新驱动的快速增长新道路，解决了制度和政策红利消失以及环境容量的瓶颈等问题。同时这个移民城市培育了创新文化，出口型经济带来的知识和技术外溢，以及因地制宜的创新借鉴，推动着深圳逐渐在转型变革的阵痛中迈向创新驱动发展。

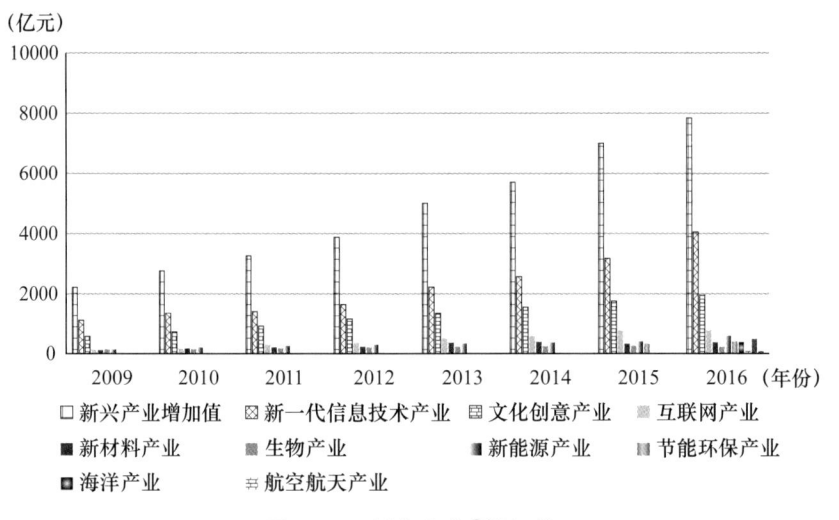

图1-4 新兴产业[①]增加值

资料来源：《深圳统计年鉴（2017）》。

---

① 新兴产业包括新一代信息技术产业、文化创意产业、互联网产业、新材料产业、生物产业、新能源产业、节能环保产业、海洋产业、航空航天产业、机器人、可穿戴设备和智能装备产业、生命健康产业等。

(%)
50
40
30
20
10
0
2009 2010 2011 2012 2013 2014 2015 2016（年份）

- 新兴产业增加值　　　- 新一代信息技术产业　　- 文化创意产业
- 互联网产业　　　　　- 新材料产业　　　　　　- 生物产业
- 新能源产业　　　　　- 节能环保产业　　　　　- 海洋产业
- 航空航天产业

图1-5　新兴产业增加值占GDP的百分比

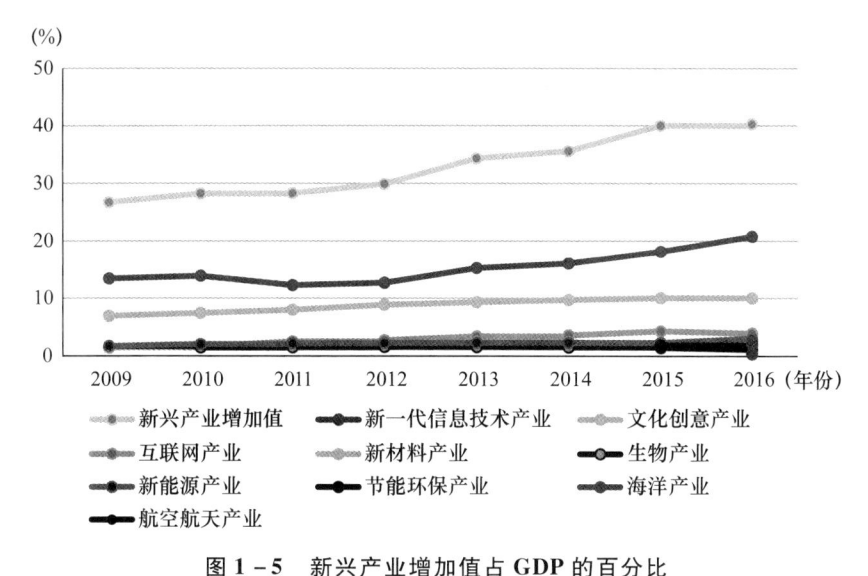

资料来源：笔者根据《深圳统计年鉴（2017）》等相关资料整理。

在这次产业转型升级中，"三来一补"企业已经丧失了最初发展的优势，退出深圳经济发展的舞台，新兴战略型产业成为经济发展的引擎，其产值占GDP比重由2009年的26.72%上升到2016年的40.26%，上升势头强劲。

自改革开放以来，金融业一直是深圳现代化建设的核心行业，深圳的金融业也在全国名列前茅，创新能力与综合能力极强。在"十一五"时期，深圳金融业继续在保持经济健康与可持续发展中充分发挥优势，高速发展。截至2018年末，深圳银行业金融机构资产总额达到80177亿元，出现小幅下降；银行业金融机构存款余额实现55777亿元，较年初小幅增长；贷款余额达到53267亿元，与年初相比增加13.7%；银行业账面净利润共实现1212亿元，同比增长5.74%，保持了平稳上升的态势。此外，根据《深圳上市公司发展报告（2019）》，2018年深圳上市公司数目增加25家至392家，市值已经超过11万亿元，同比增加近四成；上市公司在资本市场的直接融资达到了22725亿元。深圳已然成为中国核心的金融城市和亚太地区重要的金融中心。根据2018年全球国际金融中心指数排名，深圳在全球金融中心排名中位列第十二，未来有望跻身前十行列，可与历史悠久的苏黎世、法兰克福等国际金融中心比拟。

交通物流是发展经济的重要先行官。作为现代化的一线港口城市，物流业是深圳四大支柱产业之一，2018年物流业增加值仅次于金融业和高新技术产业，达到2541.58亿元，与上年相比增加9.4%。全市目前共有102家重点物流公司，7家基地航空公司、91家航运企业及机场。快递方面，深圳市不断优化快递服务，2018年深圳快递业务总量高达32.1亿件，居全国第四位，同比增加23.6%；邮政业务总量实现1159.60亿元，同比增加26.7%。航运方面，深圳机场加快了国际航空枢纽的建设进程，2018年全年实现4934.9万人次的旅客吞吐量，与上年相比增加8.2%；货运航线不断完善，通关手续不断简化，2018年货邮吞吐量实现121.9万吨，同比增加5.1%；此外，机场航班管理更加精细化，完善了双跑道运行模式，全年起降航班超过35万架次。目前在改革的推动下，整个行业的聚合趋势显著，许多公司采用了多客户运作模式，贯通了从消费到支付等一系列业务链，消费者可轻松实现随买随卖。同时物流、航运公司精准衔接国际物流、保税仓、海关等环节，一站式的供应链平台为跨境电商等供货方节省了人力、物力、时间，大大提高了运输效率。物流、航运服务、跨境电商、供应链等模块一体化的现代物流体系已经形成，深圳物流业通过初步萌芽、快速发展、转型升级的阶段后遥遥领先，在全国处于领先水平。

高新技术产业作为先导行业，为深圳市的发展贡献了浓墨重彩的一笔。跳过了重工业与轻工业的发展阶段，深圳直接进入了以电子与信息等高新技术为指引的后工业化阶段，牢牢把握住了第四次工业革命的浪潮。在政府的努力下，一大批具有国际竞争力的龙头企业和极具创新能力的中小型企业集聚深圳，赋予了这座城市无可比拟的发展优势。2018年深圳高科技产业总值为23871.76亿元，同比增加11.66%；产业增加值高达8296.63亿元，同比增加12.7%。在高技术产业中，电子与信息行业贡献产值最高，如图1-6、图1-7所示，电子与信息行业产值为21445.76亿元，约占总行业产值的九成之多；其次为先进制造业，实现产值1007.46亿元，占比4.22%；其余生物医药、新能源、新材料等行业尚处于发展与萌芽之中，分别实现产值401.40亿元、573.95亿元、288.04亿元，贡献值均不足3%。根据图1-8，电子与信息行业全年处于高速发展中，每月以超过11%的同比增速快速

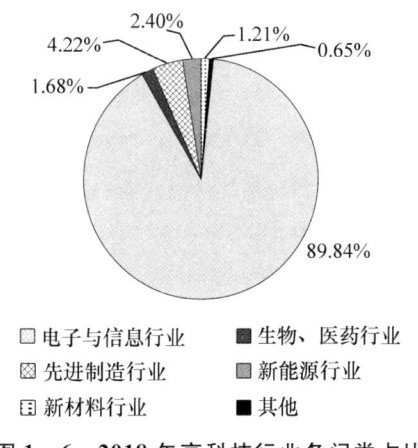

图1-6 2018年高科技行业各门类占比

资料来源：深圳市科技创新委员会。

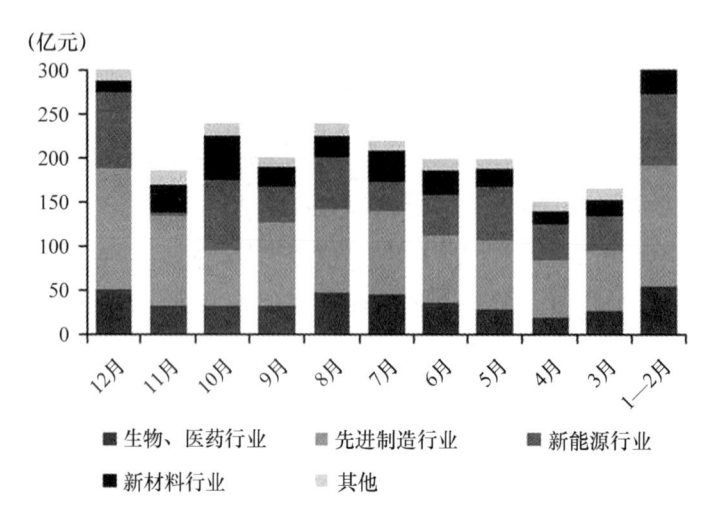

图 1–7 2018 年高技术产业（除电子与信息行业）发展情况

资料来源：深圳市科技创新委员会。

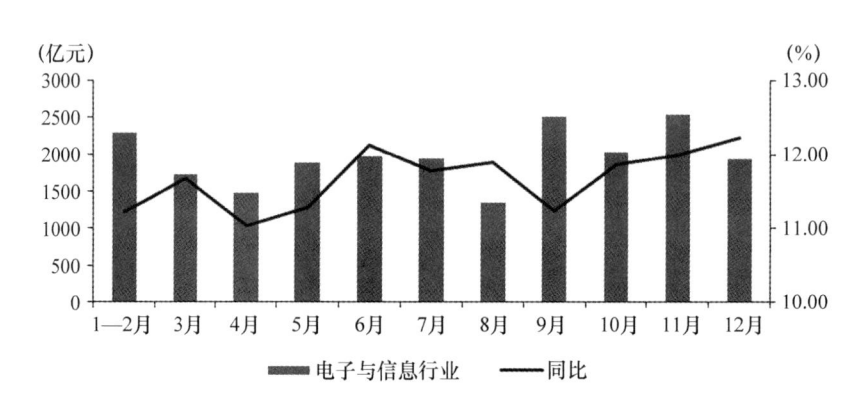

图 1–8 2018 年电子与信息行业产值及同比增速

资料来源：深圳市科技创新委员会。

发展壮大，从集成电路生产、制造、封装、应用，到大规模软件开发，都形成了完整的体系。深圳已经成为全国最具自主创新能力和创新活力的城市之一。在复杂的大环境中坚持改革道路、不改创新理念，深圳就这样抓住了历史的重大机遇，聚焦科学技术与管理创新，大力培育企业的自主创新能力，成功实现了产业转型与升级，为深圳的长久发展注入了坚定信念，为城市可持续发展提供了更为可靠的生产力。

目前深圳已经成为全国金融业、高科技产业、物流业的重要中心，并且自主创新的高科技企业开始走向世界，国际影响力不断增强。

第二节 制定合理的产业政策，划定工业控制线，未雨绸缪防范"空心化"

一 合理的产业政策是促进深圳经济发展的制度保障

纵观深圳40年的发展与三次产业结构转型升级，均得到政府的政策支持。深圳不仅重视产业分工深化中所体现的市场自我发育过程，也强调政府政策鼓励支持企业不自觉地推动分工专业化的创新过程，通过构建一个适于企业创新与学习的环境，实现产业持续跨越式升级。深圳的第一次转型与升级是改革开放初期，作为第一个经济特区，深圳享有政府一系列的特殊优惠政策，减税免税力度非常大，使得企业经营成本大大降低。依据比较优势理论，发达国家和地区开始积极投资并进行产业转移，这成为深圳经济起飞的关键。

第二次转型升级是在深圳提出"以高新技术产业为先导，先进工业为基础，把深圳建成高新技术产业生产基地"的方针上进行的。深圳市政府准确地抓住了产业转型与升级的机遇，合理规划产业发展方向，并出台一系列措施鼓励高新技术的发展。第三次产业转型升级时，深圳市政府又出台了关于生物制药、互联网技术等高新技术领域的发展纲要，并在政策上予以倾斜，为其创造良好的创新发展环境。目前，深圳市政府正积极落实创新驱动发展战略，出台一系列扶持创新的政策和举措，大力创建创新型城市，致力打造"中国硅谷"。深圳市政府制定前瞻性的产业发展规划，成为经济增长的外在动力，政策的催化对于推动深圳的产业结构转型升级起着重要作用，这是深圳产业结构演替的重要支撑。

二　注重实体经济发展

深圳在虚拟经济的迷雾中不曾迷失，而是向实业要创新，向创新要未来，保持创新牵引与实业振兴的合理平衡，努力创造供给侧新优势。实体经济是国民经济的"压舱石"，对经济社会持续健康发展起保证作用。从发达国家经济发展历程看，经济繁荣期主要是靠实体经济支撑的，而一旦出现经济空心化和过度虚拟化，就会发生经济危机。只有培育壮大实体经济，保持一定比例的制造业，才能为众多科技创新产品提供完善的生产配套，让这座创新之城的创新成果源源不绝。

习近平总书记在视察广东重要讲话中指出："实体经济是一国经济的立身之本、财富之源。……经济发展任何时候都不能脱实向虚。"近年来，随着互联网的不断渗透，各行各业发生了翻天覆地的变化，新业态层出不穷，全球均出现了实体经济相对衰落、服务业繁荣的经济模式。虚拟经济不仅边际成本近乎零，投资回报也大大高于实体经济，因此更多且更为优质的资金与人力纷纷流向虚拟经济，导致经济"去实向虚"。但值得警惕的是，纯粹的虚拟经济规模再大、利润再可观，也不能创造实体价值。实体经济才是密切关联制造业、创造有效价值的场所所在，任何资本只有投入实际生产的循环中去才能创造价值，没有实体经济的虚拟经济只能是空中楼阁、无根之木。而经济的过度虚化常常带来金融系统极其脆弱，稍有不慎即可导致金融危机的爆发。这种趋势在发达国家或地区尤为明显——如英国、美国、法国等典型的产业空心化国家，由于制造业转移，在2008年金融危机后，其遭受重创的经济迟迟难以恢复昔日繁荣，故而这些国家匆匆提出"再工业化"、制造业回归等政策，意欲回笼传统制造业，刺激实体经济发展。在金融服务业高速膨胀之际，深圳显然吸取了发达国家过去的经验教训，高度重视制造业等实体经济的发展，在金融业极其繁荣的情况下依然坚定地走在发展实业的道路上，避免了经济向虚拟化过度倾斜。

为了挺起制造业这一实体经济的"脊梁"，深圳市千方百计创造条件把高端制造业留在深圳，包括推进一系列技术改造"倍增计划"以提高企业产能水平，出台专门政策保障工业用地，实施税收减免和奖励等优惠。这些工作取得了明显成效，资料显示，至2016年，深圳战略性新兴产业对GDP增长贡献率提高到53%，先进制造业占工业比重超过70%。深圳还致力于引进世界高端优质企业，到目前为止将近300家世界500强企业在深圳设立总部，2017年，深圳又引进了两个重量级企业——ARM和空客。空客公司，目前在全球只有两大中心，一个在硅谷，另一个就在深圳。类似的高端制造企业，2017年深圳共引进了80个优质项目，新增了40家上市企业，占全省比重超过四成，在全国排第一。深圳实体经济根基夯实，工业高端化发展势头良好，经济发展十分有底气、有信心。

第三节　建立公平透明的营商环境，全方位降低企业运营成本，激发市场主体活力

一　成本上升与缓解压力

在发展"三来一补"型加工企业的早期，成本的比较优势是深圳吸引外商投资的重要因素，随着香港制造业的转移和深圳经济的发展，深圳的土地、劳动力等生产要素价格不断提高，弱化了深圳原有的优势。1995年后，日益高昂的生产成本迫使外商日益丧失对深圳的信心，迁往价格更为低廉的投资地区。珠三角各地区在资源禀赋上同样具有劳动力成本低廉、市场巨大的优势，成为外商转移的目标。另外，深圳的飞速发展使其土地、资源、能源、人口等承载力已接近极限，经济增长的速度优势难以持续。土地资源紧缺、发展空间局限已经成为制约企业在深圳继续发展壮大的瓶颈。

为应对上述问题，深圳积极进行产业的转型升级，淘汰占地面积大、产品附加值小的企业，主动发展占地面积小、产品附加值高、技术含量高的产业与现代服务业，从要素驱动向创新驱动转变，提升当地企业在全球产业链上的地位。政府在政策上继续给予适当优惠，以其良好的营商环境吸引世界知名的高科技企业将技术研发部门和采购部门移师深圳。发展高新技术产业与现代服务业，减轻了对土地的需求压力。在坚持高科技引领生产的前提下，注意产品的差异化发展，不断进行不同层次的自主创新，使产品始终保持对消费者的吸引力。

二 公平的营商环境是激发深圳创新活力的核心要素

社会经济生活的繁荣与进步需要各类生产要素的持续投入,生产要素包括劳动力、土地、资本、技术、制度等。经过改革开放,中国的人口红利已经基本释放,"人多地少"的国情使得土地资源难以成为经济增长的新动力,过度的资本刺激"大水漫灌"易导致经济发展扭曲,而高新技术仍未成熟有待发展。可以说,在中国经济正值由高速增长向高质量发展的重要转型阶段,传统生产要素对经济的带动作用或已充分发挥难以为继,比较优势日渐式微,或尚未成熟难当重任。此时,新动力的出现迫在眉睫,而营商环境的改善恰好满足了这一需要。完善制度,优化营商环境有望促进经济新一轮发展。

从宏观层面来看,良好的营商环境可提高对内对外贸易的便利程度,激发市场活力。同时,应强化当下的对外开放力度,优化对外贸易质量。从微观层面来看,良好的营商环境往往可以吸引优质企业入驻。在良性运转下,优质企业不仅可以自发地在资本市场中吸引外资流入,还能在劳动力市场中聚集创新型人才。优质资本的循环避免了盲目刺激的种种弊端,取代了低端人口红利的人才红利继续释放能量,整合生产要素充分焕发城市活力,为城市注入源源不断的发展动力。可以说,好的营商环境就是城市发展的极大竞争力。

一个稳定公平透明、可预期的营商环境,对于一座城市来说意义非凡。良好的营商环境可以说是深圳一直以来保持发展活力的重要保障。深圳非常重视营商环境的营造,在这方面积累了不少改革创新的经验。也正是因为有良好的营商环境，深圳集聚了很多高端人才、高端企业、高端要素。

一个城市的营商环境包括硬环境和软环境。硬环境包括园区建设、交通、物流、城市信息化水平等，软环境则包括思想观念、法治环境、政策环境、公共服务等。近年来，深圳持续出台一系列加大营商环境改革力度的政策措施，在改革上发力，从根本上完善特区的营商环境，引领深圳的创新发展。通过改革，深圳大幅削减企业的运营成本和税费负担，营造综合成本适宜的产业发展环境；实施优惠的人才住房政策，吸引全球高端人才来深圳创业创新；完善知识产权保护措施办法，实施严格的知识产权保护，营造公平公正的法治环境；提高政务效率，管理规范，节约企业申报审批时间等。目前，深圳的营商环境无论是硬环境还是软环境，在全国都是领先的，这极大地激发了深圳的创新活力，促进了深圳创新产业的发展。

2018年，深圳出台了《关于加大营商环境改革力度的若干措施》（以下简称《措施》），积极回应企业反映最突出、社会最关切的问题，为深圳推进营商环境改革再添"一把火"。《措施》从贸易投资环境、产业发展环境、人才发展环境、政务环境、绿色发展环境和法治环境六个方面，提出了二十大改革举措、126个政策点，着力率先营造服务效率最高、管理最规范、市场最具活力、综合成本最佳的国际一流营商环境。

"率先加大营商环境改革力度，是深圳先行先试的光荣使命。"深圳将以更大力度推进营商环境改革，坚持稳定公平透明、可预期原则，充分发挥市场在资源配置中的决定性作用，更好发挥政府作用，让创新创业人才拥有更优质的发展环境，让各类企业安心扎根深圳,做强做优做大。

2019年8月中共中央、国务院发文支持深圳建设中国特色社会主义先行示范区,进一步优化政府管理与服务,促进社会治理现代化。深圳制度创新进入了新阶段。

第四节 简政放权打造"效率之城",推出全市场化的代建制改革

一 简政放权,继续提升深圳效率

2014年国务院第一次常务会议将"简政放权"作为会议主题,此后便成为了我国行政体制改革的重中之重。简政放权顾名思义就是简化政府、权力外放,是保障民生的管理者为了社会更加有力地创新和优化管理,自发进行改革,取消和下放权力。从前在市场经济发展过程中,政府"看得见的手"干预过多,使得企业与百姓角色混乱、无所适从,而真正需要政府出面干预的医疗、失业等公共领域却无人问津。如此不仅造成了市场秩序的无序混乱,更带来了经济要素的不合理分配与资源浪费。市场应当成为调节经济生产生活的主要阀门,政府作为市场失灵和调节不足时的弥补手段适时出手,管好分内之事,方可成就一切要素活力竞相涌流的开阔局面。简政放权不仅能充分激发市场主体的创造活力,实现经济可持续增长,还能有效推动经济转型,释放改革红利、激发内需潜力、形成新动力。因此,它既是建设现代化政府的内在要求,也是增强政府公信力、执行力和权威性,促使政府更好服务老百姓的有效保障。

深圳是中国改革开放的"试验田"和"窗口"。改革开放以来，深圳特区以先行先试为使命，锐意革新，创造了多项奇迹，使深圳经济特区成为中国改革开放的风向标。简政放权是深化政府改革、加快转变政府职能的关键之举。近年来，深圳在简政放权方面做了很多探索和努力，扎实推进简政放权放管结合职能转变，并取得显著成效。其中，2015年，深圳出台简政放权新方案，发布了《深圳市2015年推进简政放权放管结合转变政府职能工作实施方案》，要求深入推进行政审批改革、权责清单改革、商事制度改革等八大领域的改革，在医疗、教育、就业和社会保险等领域，试点推进部分公共服务事项的同城通办、就近办理、一证通办。2016年，深圳推行多项简政放权新举措。深圳在全国率先推行机关、群团和事业单位"多证合一、一证一码"改革，再次跨出简政放权"一大步"。"多证合一、一证一码"是指将机关和群团统一社会信用代码证书及事业单位法人证书、组织机构代码证、税务登记证、刻章许可证、住房公积金登记证和社保登记证等多种证照，由多部门分别审批改为"一表申请、一门受理、一次审核、信息互认、一证一码、档案共享"的创新管理模式。

近两年，简政放权、深化政府职能转变依然是深圳政府改革的重头戏。深圳将统筹推进第五轮市区财政体制和政府投资事权、市区职能调整等改革，增强市级决策统筹和区级执行落实能力，实现重点下移、财力下沉、权责匹配、效能提升。通过深化行政审批制度改革，再精减一批行政职权事项，推进投资项目"多审合一、多评合一"。2017年年底，深圳市委市政府提出《深圳市推进简政放权放管结合优化服务改革工作要点（2017—2018年）》，要求2017—2018年，深圳在简政放权、深化行政审批改革方面持续发力，提出重点在外商投资、科技创新、人才服务、教育医疗、创新社会管理和公共服务方式等领域，清理阻碍创业创新的审批事项，全面梳理企业办事、项目推进的流程，从服务对象的需求出发，能精简并联的一律精简并联，切实缩短审批链条和时间。

行"简政"之法，除烦冗之弊。深圳市政府自2015年以来，取消和下放的行政职权超过百项，有效提升了市内事务的管理水平。作为现代化程度极高的新型城市，深圳放弃了集中管理模式，着力优化政府配置，完善政府在执行、规划、指引、监督等方面的智能，成功将市政府从冗杂烦琐的事务中解脱出来，聚焦探索区域发展格局、发现发展新动力等更为重要的工作内容。与此同时，权力下放的终端也承接得当。深圳权责并行、事权适配的办法有效避免了行政职权的半途沉积，充分强化了基层工作人员的职责与权力，形成了基层政府"有事、有权、有人、有责"的有效管理模式。可以说，深圳的探索为其他城市的简政放权之路提供了改革思路，树立了优秀的学习模范。

二 以"代建制"为抓手"激活"城市工程项目

"代建制"即"代为建设"，是指委托单位通过招标等方式，选择专业化的项目管理单位，按照合同约定履行政府投资项目全过程建设管理职责，严格控制项目投资、质量和工期，竣工验收后移交委托单位的制度。深圳市福田区落实中央投融资体制改革部署，率先创新推出新型的政府投资项目全过程市场化代建模式，自2017年6月实施改革以来，福田区一次性委托19个代建项目，总投资75.9亿元，占全区政府年度总投资1/4。改革使得项目从立项到竣工交付全流程可节省一半以上时间，一批学校、医院等民生项目加速推进，一批长期拖延的工程项目也被重新"激活"驶上快车道，改革收到了显著成效。

新模式实现市场化代建，"激活"市场释放活力。为深化供给侧结构性改革，完善政府投资管理体制，福田区充分利用市场化专业技术和管理力量，用市场"激活"资源，为政府投资建设项目"松绑"，让政府职能由"办"变为"管"，探索出一条提速提效的新路，形成了政府投资代建项目供给侧结构性改革的福田新模式。"市场能做好的交给市场，专业的事情交给专业的机构。"福田区新代建制以权责明晰、分工合理、廉洁高效、合作共赢为基本原则，是全国首个全过程全链条、深度市场化专业化的代建制新模式。通过改革，在现有政府集中代建模式上增辟一条以"合同治理"为基础的市场化、专业化、法治化代建道路，全面推行全过程代建，切实释放市场活力。

第二章　深圳——开放经济的试验田

第一节　转变外贸增长方式，促进贸易结构转型升级

1978年以来，深圳经济高速发展，但水源匮乏、人口密度和环境承载力等"不可持续"的问题越来越突出，产业结构转型升级迫在眉睫。

从20世纪80年代开始，加工贸易一路走来，在深圳经济发展中发挥了重要作用。在20世纪80年代早期，深圳的出口企业以贸易集中在农副产品等低端产品的国有企业和集体企业为主。在城市发展过程中，深圳贸易结构发生了质的转变。一是加工贸易占比不断下降。在改革开放初期，深圳加工贸易占比较大。加入WTO后，加工贸易占比不断降低，一般贸易占比在不断提升。二是加工贸易模式不断优化。深圳由初期的来料加工贸易逐步转为进料加工贸易。2012年，深圳特区加工贸易出口额占外贸出口总额的比重超过60%，其间进料加工贸易额占到出口总额的48%。三是加工贸易产品结构不断提升。加入WTO后，深圳高新技术产品和机电产品加工贸易增长迅速，产品出口结构转变为以存储设备、彩电、

唱机等机电产品和高科技产品为主。深圳机电产品出口总额2000年为214.3亿美元,2015年达到2109.6亿美元,外贸出口总额的79.9%都是机电产品,其间增长了10倍。四是加工贸易的增值率持续升高。体现进出口贸易价值增值程度的一个重要经济指标就是加工贸易增值率(加工贸易出口额÷加工贸易进口额-1)。改革开放初期,来料加工是深圳加工贸易的主体,加工贸易的增值率很低。此后,随着像三星、富士康一类的世界500强企业纷纷入驻深圳,大量内资加工贸易企业将先进技术"引进—吸收",不断提高自主创新能力,深圳加工贸易的增值率不断增加。

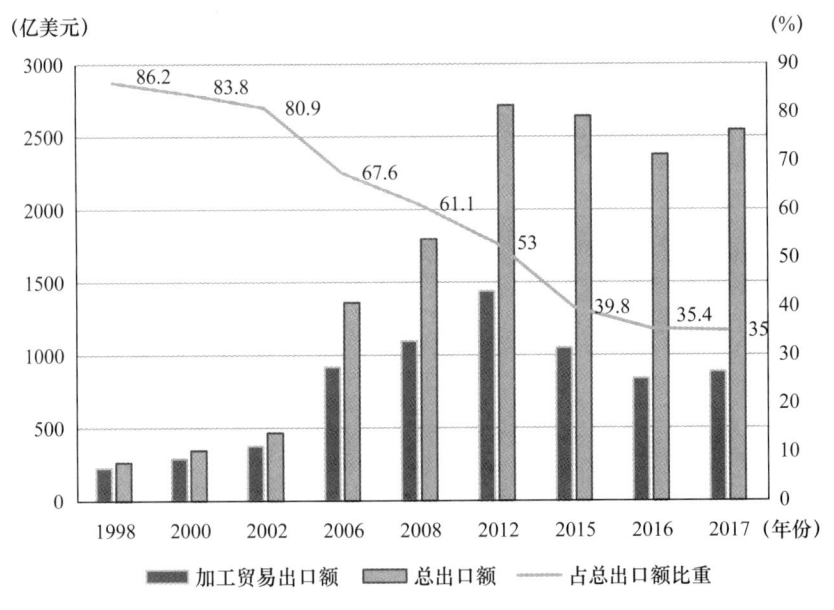

图 2-1 加工贸易出口额占总出口额的比重

资料来源:深圳统计年鉴和深圳统计局网站。

改革开放以来,深圳加工贸易飞速发展与政府政策支持密不可分。深圳市委市政府2008年为加快外贸增长方式转变，迅速出台《深圳市综合配套改革方案》。此后，深圳为了对加工贸易的转型升级提供一些方向建议，又陆续出台了《关于促进加工贸易转型升级的若干意见》等指导政策。

  服务业的发展程度是一个城市和地区的经济、社会现代化和国际化的重要标志。一个城市和地区的国际竞争力和国际化水平在很大程度上取决于服务业经济，特别是现代服务业的比重。现代服务业是国民经济的重要组成部分，其发展水平在一定程度上代表了国家的现代化程度。如今，服务业已成为经济社会的主体和拉动经济增长的重要力量。据统计，世界各国 GDP 的 50% 来自服务业，发达国家服务业占 GDP 的比重平均达到 70% 以上，2019 年，德国服务业增加值占 GDP 的比重约为 70%，日本的服务业占 GDP 比重也已超过 70%，美国第三产业占比甚至高达 81%。随着经济专业分工的细化，制造业和服务业日益融合，制造业的竞争越来越依赖于设计策划、技术研发、现代物流等服务业的支撑，服务业在 GDP 中的比重已经成为衡量一个国家和地区发展水平的重要标志。此外，我国经济结构长期依赖传统工业的发展道路，一些重要的资源如石油、天然气、铁、铜等国内自给率日益下降，资源短缺问题日益严峻。与传统工业相比，服务业具有污染少、资源消耗低等诸多优势，发展现代服务业能够推动经济增长方式实现从粗放型向集约型的转变，推动产业结构优化升级。同时，服务业门类众多，各种类型的行业并存，就业形式灵活多样，在吸纳就业方面具有独特的优势。近年来，科技迅速发展，现代金融、通讯等新兴服务业蓬勃发展，解决了一大批劳动力的就业问题。因此，服务业的发展对于优化服务业内部结构，缓解就业压力具有十分重要的意义。国务院在 2016 年发布《关于同意开展服务贸易创新发展试点的批复》，公布在天津、上海、深圳、武汉、成都、威海等省市（区域）开展服务贸易试点，试点期为 2 年。深圳特区积极参与试点建设，抓住有利时机，转移低端加工贸易产业、加强对本土加工贸易产业的支持力度、改革完善服务贸易管理机制，积极推动贸易结构升级，逐步实现了从加工贸易到服务贸易的转型。

第二节　创新利用外资，逐步实现投资发展的双轮驱动

改革开放是中国的基本国策，没有终点，只有不断的新起点。为适应经济全球化的新发展，中国对待世界应采取更加积极的态度，顺应"引进来"与"走出去"的结合，在更广泛的范围内，参与国际经济技术合作与竞争，充分利用国内外市场和资源，通过开放促进发展。为构建全方位对外开放格局，深圳必须坚持既要"引进来"又要"走出去"。

在改革开放初期，深圳特区利用中央优惠政策，抓住时机实施"引进来"战略。"引进来"是中国对外开放战略的第一步。发展中国家，只有善于利用外资和外来技术，才能加快自身经济的发展。"引进来"对推动中国国民经济发展具有重要意义。在投资不断扩大的过程中，引进外资成为各地筹借和实现投资扩大的一条重要途径，外商直接投资已经成为促进我国经济建设的重要力量。随着外资的大量流入和投资领域的拓宽，国内建设资金短缺的现状逐渐得到弥补，资

本存量不断增加。同时,"引进来"意味着外商直接投资设厂的增多,能够增加国内的就业岗位,解决部分失业人员的再就业问题,缓解当前沉重的就业压力,有利于社会的稳定和谐。而且,外商投资带来的开发项目和方案,能促进新兴工业部门的建立与发展和产业结构的改善,推动国内新兴产业崛起。而且,"引进来"吸引的不仅仅是外国资本,还有先进的技术装备、生产技术、管理知识和经验,从而有利于培养国内科技人才,提高生产技术水平和经营管理水平。近年来,中外合资开发新项目比例增加,为国内人员与外国技术人员提供频繁交流的平台,进一步促进了外溢效应的产生。此外,"引进来"对于促进进出口商品结构的变化和出口贸易的增长也具有重要的作用。20世纪80年代以来,深圳制定了一系列吸引外商投资的优惠政策,如商业自主权、税收、土地使用权、外汇管理、产品销售、出入境管理等。通过"三来一补"、中外合资、中外合作、租赁等方式,吸引大量外资,助推深圳经济飞速发展。

表 2-1　　　　　深圳历年外资引进情况　　　（单位:万美元）

年份	总计	对外借款	按投资方式分				外商其他投资
			外商直接投资				
			合资经营	合作经营	外商独资	合计	
1979	1096		192	356	548	1096	
1980	3264		252	1891	612	2755	509
1981	11282		1073	5427	2118	8618	2664
1986	48933	10860	5124	30241	1085	36450	1623
1991	57988	17184	27330	5185	7360	39875	929
1996	242242	37177	89228	26776	89061	205065	
1997	287168	57095	53271	20771	92070	166112	63961

续表

年份	总计	对外借款	按投资方式分				外商其他投资
			外商直接投资				
			合资经营	合作经营	外商独资	合计	
1999	273941	64077	74848	18954	82556	176358	33506
2001	356051	44527	59076	56621	139157	254854	56670
2003	471879	57928	115245	20850	193915	330010	83941
2005			50807	8299	230996	290102	104841
2009			54993	551	342234	397778	12242
2010			63281	1292	341964	406537	17218
2011			48409	1367	397391	447167	23696
2012			81675	3949	418054	503678	2768
2013			79900	1340	461585	542825	403
2014			80834	163	484416	565413	
2015			57037	1719	581450	640206	9527
2016			92018	115	574622	666755	6472
2017						740100	

资料来源：深圳市统计局网站。

近年来深圳在利用外资规模和外资质量上有了明显进步，也不断引导外资从"深圳速度"向"深圳质量"转变。2017年，为引导深圳利用外资走质量增长和内涵发展之路以及增强新型经济发展优势，深圳市委市政府新颁布《深圳市关于进一步扩大利用外资规模提升利用外资质量的若干措施》。

"走出去"是中国对外开放战略的第二步。作为中国的一项重要政策，实施"走出去"战略具有深远意义。第一，实施"走出去"战略是中国发展外向型经济的必由之路，通过扩大对外投资，有利于发挥中国的比较优势，同时利用国内与国际两个市场的资源，并推动建立更多跨国公司，充分发挥跨国公司作为"走出去"的重要载体和参与国际竞争的

"主力军"作用,从而占据重要国际市场份额,提升国际竞争力。第二,国际市场为中国国内企业提供了丰富的资源,实施"走出去",通过对外投资主动地在全球范围内获取资金、技术、市场、战略资源。改革开放政策的实施,极大地促进了中国国内企业走出去,通过与国外企业进行全方面的交流,充分地利用国外企业丰富的优质资源,吸收外来的精华,不仅能够为中国在全球资源分配中争取一个更加有利的战略态势,更能提升中国国内企业的综合实力水平。第三,实施"走出去"有利于中国更好地吸收国外先进技术,提高技术开发和自主创新能力,从而推动中国进行产业结构调整,实现产业结构的调整和资源的优化配置,在保持制造业优势的同时,向产业链价值链高端攀升,提升中国在国际分工中扮演的角色。第四,中国经济发展到一个阶段后面临一系列新的情况,比如产能过剩,需要加强国际产能和装备制造的合作,而"走出去"为中国经济未来的发展开拓了一个新的空间。实施"走出去"战略是新开放阶段的新措施,截至2017年,经深圳发改委及国家发改委备案的境外投资项目244个,项目总投资额约45.78亿美元。

一 投资目的地

投资于亚洲的项目最多,有176个,占总量的72.13%,投资额约30.56亿美元,占投资总额的66.75%;投资于美洲的项目数量居次,有45个,占总量的18.44%,投资额约6.07亿美元,占投资总额的13.26%;投资于欧洲的项目数量排第三,有16个,占总量的6.56%,投资额约8.75亿美元,占投资总额的19.11%。

亚洲　　美洲　　欧洲　　其他

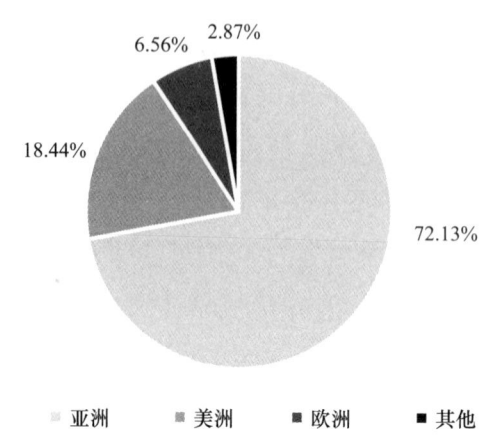

图 2-2　深圳境外投资目的地占比

资料来源：深圳市发改委。

二　投资方向

对外新建项目 169 个，占总量的 69.26%，投资总额约 11.26 亿美元，占投资总额的 24.59%；对外注资及增资项目 44 个，占总量的 18.03%，投资总额约 18.79 亿美元，占投资总额的 41.04%；对外收购项目 31 个，占总量的 12.70%，投资总额约 15.73 亿美元，占投资总额的 34.36%。

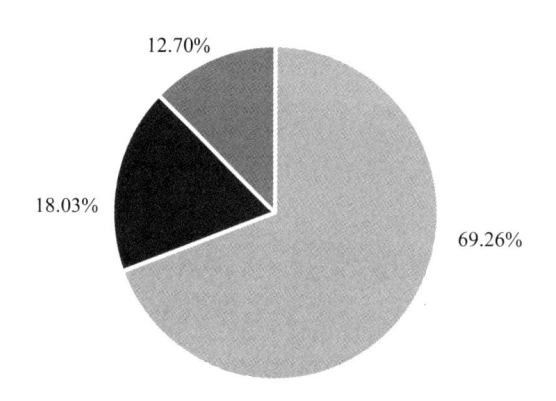

新建项目　　注资及增资项目　　收购项目

图 2-3　深圳境外投资项目占比

资料来源：深圳市发改委。

三 投资主体性质

民营及民营控股企业对外投资项目187个，占总量的76.64%；混合所有制企业对外投资项目26个，占总量的10.66%；外资及中外合资企业对外投资项目20个，占总量的8.20%；国有及国有控股企业对外投资项目11个，占总量的4.51%。

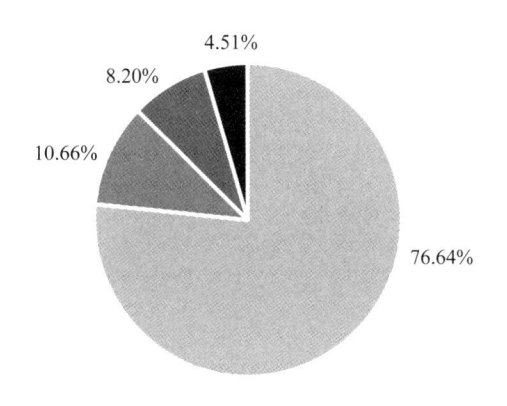

图2-4 深圳境外投资主体占比

资料来源：深圳市发改委。

尽管实施"走出去"战略有很大难度，但这是一条不得不走、必须得走、一定要走好的战略。"走出去"是为了适应全球化、实现民族振兴、满足深圳发展的需要，"走出去"是深圳特区作为改革开放"试验田"的历史使命所在，也是经济发展规律的必然要求。"引进来"和"走出去"相辅相成，深圳特区正努力构建全方位的对外开放格局，必然要把"引进来"与"走出去"更好结合起来。

第三节　把握时代机遇，打造城市竞争优势

中国改革开放的基本国策，在党的十一届三中全会上正式确立，但在推进改革开放的问题上仍然存在很多困境。由于人口基数大、地区发展不平衡、物质匮乏、生产力水平极低等问题，为了能够保障改革开放顺利进行，同时避免出现大的社会不稳定，就必须要寻找突破口。改革开放的总设计师邓小平同志提出，可以创建经济特区，通过经济特区的"眼睛"功能认知世界，发挥经济特区的"示范田"功能进行试验，待特区取得成功经验再全国推广，对其他地区起到示范作用。1980年，党中央正式批准在深圳、珠海、汕头设立经济特区，自此深圳特区正式成立。

改革开放之前，深圳只是南海边陲的一个小渔村，前身是宝安县，深圳经济特区成立之初，面积不足350平方千米，2010年深圳特区进行扩容建市，总面积达到1996平方千米。20世纪80年代深圳GDP年均增长率为51.81%，90年代深圳市GDP年均增长率为29%左右，2000—2017年GDP年均增长率为14%左右，深圳经济特区在经济上创造了举世瞩目的"深圳奇迹"。从地区生产总值来看，1979年，深圳市地区生产总值只有1.96亿元，2019年已经高达6927.09亿元，增长超过3000倍（不变价格）；从人均GDP来看，1979年，深圳市人均GDP为606元，2019年跃升至20.3万元，高居全国城市榜首；从规模以上工业总产值看，1979年，深圳市规模以上总产值只有0.61亿元，2019年突破3.68万亿元大关，位列全国大

中城市首位；从固定资产投资总额来看，1979年，深圳市固定资产投资总额只有0.59亿元，2019年，固定资产投资总额已经达到755135.57亿元，年均增速约为30%；从社会消费品零售总额来看，1979年，深圳市社会零售品销售总额仅为1.13亿元，2019年，这一指标已经提升至6582.85亿元（未经第四次经济普查数据修订），年均增速超过20%；从进出口总额看，1979年，深圳市进出口总额只有0.17亿美元，2019年已经迅速上升到4315.99亿美元，其中，出口总额由1979年的930万美元发展到2019年的2422.11亿美元，并连续27年居大中城市之首；从一般公共预算收入来看，1979年，深圳市一般公共预算收入仅为0.17亿元，2019年，这一指标迅速上升到3773.21亿元，年均增长速度为30%左右；从居民人均可支配收入来看，1985年，深圳市居民人均可支配收入仅为1915元，2019年，跃升至62522元，实现了跨越式增长。

短短四十年，深圳发生了翻天覆地的变化，实际管理人口超过2000万，道路里程超过6000千米，100米以上摩天大楼近1000栋，实现100%城市化，拥有全球第三大集装箱港和亚洲最大陆路口岸。此外，深圳还诞生了华为、招商、平安、腾讯、万科、正威、恒大7家世界500强企业，吸引200多家世界500强企业前来投资。

表2-2　　　　　深圳经济特区主要年份经济数据

年份 项目	GDP总量（亿元）	经济增速（%）	进出口贸易总额（亿美元）	地方财政预算收入（万元）	地方财政预算支出（万元）
1981	4.9	83.53	2.8	8787	8411
1982	8.2	66.56	2.5	9163	8815

续表

项目 年份	GDP总量 （亿元）	经济增速 （%）	进出口贸易总额 （亿美元）	地方财政预算收入 （万元）	地方财政预算支出 （万元）
1983	13.1	58.90	78	15605	15025
1984	23.4	78.46	107	29435	27954
1985	39.0	66.65	130	62894	58651
1986	41	6.72	184	74160	68073
1987	55	34.23	255	87521	69688
1988	86	55.60	344	146521	110992
1989	115	32.97	375	228668	173007
1990	171	48.43	1570	217037	198073
2000	2187	1179	6393	2219184	2250441
2010	9773	347	3467	11068166	12660668
2015	17502	79.08	4424	27268543	35216708
2016	19492	11.30	3982	31364200	41780400
2017	22438	15.00	4309	33316000	45947000

资料来源：深圳市统计局网站。

中国改革开放探索前进的脚步永远不会停止，从开始的经济特区到现在的自由贸易园区，就是改革开放向前探索的结果，两者都是以改革促发展，是社会主义市场经济体制自我完善的体现。自由贸易区相比经济特区而言，是改革开放的深化，两者通过改革试验和依靠"摸着石头过河"的探索精神不断前进。通常中国的改革都是以国情为基础，以部分城市或区域进行试点，成功后再全面推广。国内新设的自由贸易区可以认为是当年经济特区的更新换代，然而其本质却发生了根本变化。

1980年8月26日，第五届全国人大常委会通过了《广东省经济特区暂行条例》，深圳经济特区正式成立，共包括今罗湖、福田、南山、盐田四个区。深圳经济特区是我国创办的第一个经济特区，肩负着为中国改革开放和现代化建设先行探路的使命。作为中国改革开放的"窗口"和"试验田"，深圳经济特区有着独特的发展模式，即在国家资源非均衡分配前提下，经济特区发展遵循高速增长的不平衡发展路径，主要依托特殊政策优势，将经济特区的发展经验循序渐进地移植到其他地区。国家赋予经济特区特殊政策，且经济特区可以跳出现行体制之外，给予其在土地、税收、信贷、厂房租金等方面的特殊政策，出台了诸如企业所得税降为15%、拍卖土地使用权等政策。在这些特殊政策的扶持下，深圳经济特区得到飞速发展。

党的十八大提出，要加快实施自由贸易区战略。创办自由贸易区是平衡改革红利和控制改革风险的制度创新。对外而言，创办自由贸易区是为应对全球经贸新规则提前谋篇布局。经济全球化发展新趋势推动全球贸易和投资规则重构，中国需要及时做出战略调整，在参与全球贸易和投资活动过程中提升国际竞争力，体现中国作为大国应承担的责任以及参与新国际分工建立新规则的决心。对内来说，创办自由贸易区是为了加快经济转型升级的步伐。新一轮改革开放需要加强顶层设计，探寻新增长渠道是未来中国经济可持续发展的关键。选择部分经济基础条件较好的地区先行先试，可为全面深化改革积累经验。自由贸易区能加快生产要素流动，推动中国企业融入世界创新产业链，加快中国经济全球化进程，促进经济社会和谐发展。

按照"继续积极大胆闯、大胆试、自主改""探索不停步、深耕试验田"的要求，2014年12月，国务院决定设立中国（广东）自由贸易试验区，涵盖广州南沙新区片区（广州南沙自贸区）、深圳前海蛇口片区（深圳蛇口自贸区）、珠海横琴新区片区（珠海横琴自贸区）三个片区。2015年4月27日，深圳前海蛇口片区（深圳蛇口自贸区）正式挂牌成立。深圳前海蛇口片区具有独特的政策及制度优势，国务院批复前海22项先行先试政策，涵盖金融、税收、法律、人才、教育、医疗、电信等诸多领域，并为促进现代服务业的发展制定相关减税和财政补贴政策，大力引进高端人才和紧缺人才，自贸区并享有计划单列市外资审批权限、对外投资备案权限，外资企业的设立和企业的对外投资均可在前海一战办理。

中共中央政治局2015年3月召开会议，习近平总书记主持会议，会议审议通过广东、天津、福建自由贸易试验区总体方案，批复广东省成立深圳蛇口自由贸易园区。深圳特区是中国改革开放的"窗口"，前海蛇口又是特区中的特区，服务业相当发达。蛇口自贸区紧紧毗邻香港特别行政区，拥有得天独厚的区位优势，有助于深圳和香港合作，打通粤港连接，推动内地产业升级。

在深圳特区雄厚的经济基础上，深圳前海蛇口自贸区，将会在珠三角地区发挥辐射带头作用，持续推动外贸新业态快速成长；将会成为泛珠地区综合服务示范区，实现对内对外经济多重融合以及粤港创新合作，打造内地企业触及全球市场的重要平台，再次引领深圳经济的腾飞。

第四节　发挥临港优势，共建国际一流湾区

经过改革开放40余年发展，深圳早已不再是南海边的

一个小渔村，已经成为引领中国经济发展的一个现代化国际都市。党中央、国务院改革开放的正确方针指引，是深圳经济能够创造奇迹的重要原因之一，但是我们必须要看到深圳的发展也离不开毗邻香港这一得天独厚的区位优势，利用"香港优势"是支撑深圳经济快速发展必不可少的条件之一。

早期的深圳和香港的经济关系，就是"前店后厂"的纵向分工模式，以劳动密集型制造业为主的产业合作模式，大大促进了两地经济发展和经济结构调整。深港合作主要集中在产业层面，经济活动如贸易、投资和消费等不断增加。21世纪以来，两地产业合作已从传统制造业向高科技产业延伸，从产业合作的具体形式讲，在贸易、投资、金融等经济活动方面，深港合作范围不断扩大和深化。

第一，香港是深圳重要的进出口合作伙伴，是深圳通往世界各国的主通道。1995年，深圳从香港进口的总额约为16亿美元，向香港出口约为48亿港元，分别占深圳进出口总额的12.11%和26.1%。1997年以后，深圳和香港贸易年增速明显加快，2004年CEPA实施后增速更加明显，香港与深圳口岸的年货物贸易总额2012年达到一个历史峰值，达到1480.7亿美元。

第二，深圳最重要的外资来源是香港投资，同时香港也是深圳驻外企业的主要集中地区之一。据资料统计，1979—1996年，香港实际在深圳投资约为76亿美元，占同期外商投资总额的66%。尽管对香港恢复行使主权后，港资在深圳利用外资总额中所占比例有所减少，但仍保持在50%以上，而2016年港资利用达到59.91亿美元，占比约为89%。

图 2-5　深港历年进出口贸易趋势

资料来源：根据《深圳统计年鉴（2017）》整理。

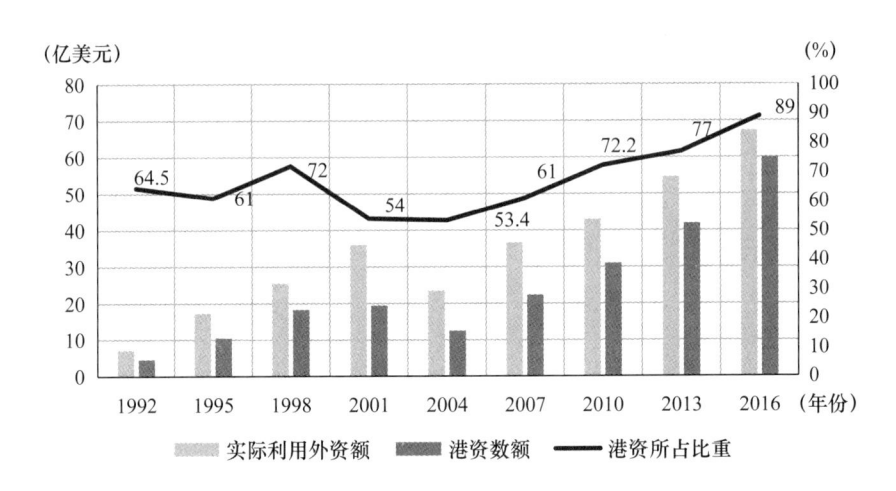

图 2-6　1992 年以来深圳港资利用情况

资料来源：《深圳统计年鉴（2017）》。

深圳和香港积极进行城市间合作，建设专业化的跨境基础设施项目（如港口建设），深圳河管理工程和西部通道投资已在深圳和香港启动，为深化深港合作提供便捷高效的跨境城市服务。2020年，客货"一站式"查验陆路口岸莲塘口岸已建成，即将迎来开通启用，每天可验放出入境旅客3万人次。这意味着深港之间的陆路口岸将达到7个，城市间人流、物流等要素流动更加便捷，深港跨界交通距离实现"西进西出、东进东出"格局又近了一步。深圳还将携手香港共建粤港澳大湾区国际性综合交通枢纽，共建世界级集装箱枢纽港和湾区世界级机场群。与此同时，深圳和香港高度重视城市间科技合作。2017年1月，深港签署《关于港深推进落马洲河套地区共同发展的合作备忘录》，同意合作发展河套地区为"深港创新及科技园"，其中香港将支持深圳将深圳河北侧毗邻河套地区的3平方千米打造成"深圳科创园区"，双方优势互补，共同构建深港科技创新合作区。2019年，围绕共建洪水桥港深高科技产业合作区的目标，深港开展南山区与香港洪水桥新发展区战略合作，共建洪水桥港深高科技产业合作区提上日程。此外，深圳和香港对接城市发展战略，特别是近年来为推动两地城市功能的更好融合，深港编著的《2030城市发展策略》发挥了重要作用。目前深圳和香港已形成规模庞大、多渠道的港口、运输、能源、电信等跨境基础设施的建设和优化对接，意味着深圳在城市功能上实际与香港基本实现城市互补。随着深港口岸创新经济带的发展，深港城市间跨境合作将迎来新模式，并通力协作打造示范性湾区城市合作走廊。深港两地以共建口岸经济带为契机，在社会管理、经济发展、文化交流合作方面形成共识，强化沟通建立统筹协调机制，将口岸经济带构建为深港城市管理体制机制协同试验中心，打造为特区中的试验区，为深港实现真正意义上的城市协同发展奠定坚实的实践基础，从而树立大湾区城市跨境合作新标杆。

在21世纪，随着CEPA协议（2003），深港两地"1+8""1+6"协议的签署和实施，深港两地人民扩大合作范围，双方合作水平明显提高，深港合作进入新时期。中国加入世界贸易组织（WTO）后，既为深港经济合作带来新的机遇，也带来新的挑战。要求深港两地合作，既要符合"一国两制"的基本要求，也要适用世贸组织的运作规则，同时还要与已经或正在进行的两地之间的合作相衔接。

改革开放40余年以来，深圳是连接内地和香港的重要桥梁。当今前海深港现代服务业合作区的建设，将深圳的作用提到了新的高度。随着粤港澳大湾区建设已经上升为国家战略，深港合作必然会为粤港澳大湾区的进一步发展做出重大贡献。改革开放以来，深圳特区从利用"香港因素"到"深港合作"，从积极"引进来"到主动"走出去"，逐步从外向型经济向开放型经济的模式转变。深圳作为中国改革开放的"示范田"和"试验田"，是一代代中国人的汗水和梦想所铸造的。作为中国特色社会主义的典范，深圳向世界展示着中国特色社会主义道路最典型的"示范区"，深圳将继续以"敢为天下先"的勇气，在新的历史起点上再次引领新一轮的改革开放。

第三章　深圳——科技创新的引领者

第一节　坚持以企业为主的市场模式，强化企业创新主体作用

改革开放以来，深圳十分注重推动建立企业主导技术研发体制机制，以需求为导向，以应用促发展，发挥企业在技术创新决策、研发投入、科研组织和成果转化的主体作用，积极为企业提供"定制式"的贴身服务，促进了科技型企业跨越式增长。通过以科技投入方式改革激发企业创新活力是深圳的一大特色。2014 年，深圳出台全国首个《科技研发资金投入方式改革方案》，利用财政资金的引导、放大和激励作用，全面撬动资本要素投向科技创新，使深圳成为国家引导社会资本进入科技创新领域的先行区。其中通过银政企合作贴息等方式，政府投向科技中小微企业的财政资金，被放大了几十倍，为有效解决中小微企业融资难、融资贵问题提供了新路径。

深圳多层次、全方位强化企业创新主体地位，提升了企业核心技术竞争力。一是创新载体建设稳步推进；二是核心技术攻关能力显著增强；三是国家、省创新资源加快聚集。深圳的创新环境打造和创新体系建设取得了很好的成果，特

别是以企业为主体的创新体系建设对深圳的产业发展起到了很好的作用。

作为首个国家创新型城市和国家自主创新示范区,深圳已经成为一个创新型经济体,形成了以企业为主体、市场为导向、产学研相结合的技术创新体系,以构建多要素联动、多主体协同的综合创新生态体系为重点,着力推进技术、产业、金融、商业模式、管理、文化、理念等全面创新,打造综合创新优势。

第二节 破解制约创新驱动发展的突出矛盾,打通科技向现实生产力转化的通道

从跟随性创新到源头创新、破坏性创新,进入21世纪的深圳再一次抓住全球生产分工重构的机遇,积极提升自己的创新能力,进入全球产业链的更高层次。

深圳是怎样从跟随性创新向源头创新转变的呢?这就要回到斯密的分工理论来解释。根据斯密的理论,分工被认为是经济增长的源泉。这种分工的作用不仅是指内部技术分工对劳动生产率的提升作用,也包括了行业内部分工、不同产业部门分工以及国际分工所带来的产品和迂回生产过程增加,从而拉动经济规模的扩大。深圳经验的理论逻辑在于,通过对外开放和参与国际分工,深圳获得了外商投资和技术许可方式的知识外溢和扩散,通过"引进—学习—改进—创新"的模式,深圳本土企业逐步形成了从工艺性技术、产业制造

技术再到创新性技术的专业化劳动队伍，这些专业化劳动力在随后的追随和赶超阶段进行模仿创造和原创性创新，又形成新的专业化劳动力。

20世纪80年代末，西方国家的劳动密集型产业向亚洲转移，这给予了深圳扩大对外开放与参与国际分工的良好机遇。在政策扶持下，深圳相继设立了沙头角保税工业区，福田保税工业区、盐田港保税区等国内首批保税区，有效吸引了外部资金和制造业流入、增加了深圳参与国际高新技术产业加工贸易的规模，并在同期明确了进行科技体制改革、鼓励兴办民间科技企业的发展策略，于1990年出台《1990—2000年深圳科学技术发展规划》，以企业作为创新主体。在明确的发展规划下，深圳开始涌现出一批以参与高新技术加工贸易为主要业务的本土或合资企业，特别在合资企业中，由于部分外商选择以技术和国际市场报销入股，给予了相关企业增加我方人员接触先进科技机会和拓展国际市场占有水平的有效途径，为创新型人才的培育积累了有利条件。

20世纪90年代中期，在"以高新技术产业为先导、先进工业为基础、第三产业为支柱"的方针和"三个一批"战略（即形成一批支柱产业、发展一批大型企业集团、争创一批名牌产品）指导下，深圳的工业结构在获得迅速发展的较短时间内即开始向资本密集型和技术密集型产业的转型升级，相关企业参与加工贸易的规模得到进一步扩充，其自主创新的主观能动性显著增强。得益于对高新技术的广泛接触，部分企业开始转变自身发展策略，以模仿生产现有技术产品作为提升创新能力和市场规模的主要方式。如华为通过对其购买散件组装的港资企业用户交换机（PBX）进行模仿和自主研发，于1990年开发出首个具有自主知识产权的用户交换机BH03，并在1993年在模仿贝尔及西门子相关产品的基础上研发出中国首款C&C08交换机，进行了自主创新的初步探索，积累了技术经验。

进入21世纪后，随着中国加入世界贸易组织（WTO），深圳在WTO框架下获得了更广泛的技术经济合作机会，吸引外资规模进一步扩大的同时，高端制造业的发展格局也得到了完善，在设立专项资金资助国际科技合作的政策支持下，作为创新主体的深圳高新技术企业进行产品创新的主要途径开始由对外国产品的仿样设计向与外资企业的合作设计转变。同时，得益于对境内外高水平院校和人才落户的大力推动，深圳本土企业的人才团队建设在整合现有工业性技术、产业制造技术劳动力的同时，逐步吸纳更多具有良好创新能力的高素质人才，创新型技术的专业化劳动团队初步形成。以制订《深圳市技术进步奖励办法》为途径，深圳建立了完善的人才创新奖励机制，有效带动了高素质人才的积极性。通过将这一发展动力与此前实现的技术积累的有机融合，深圳本土企业显著提升了原创性创新能力，具有自主知识产权的技术产品及专利不断涌现，专业化劳动力对经济发展的作用日益明显。

国际金融危机以来，深圳更是将创新置于前所未有的高度，坚持创新驱动发展战略，大力推动"大众创业、万众创新"，成为国家首个创新型城市，带动高新技术产品在进出口中的比重不断上升。目前，深圳拥有腾讯、华为、中兴、华星光电、比亚迪等一大批享誉国内外的自主创新企业，并在生命科学、新能源、新材料、航空航天等领域有着重大突破，这都将成为深圳新一轮的经济增长点。

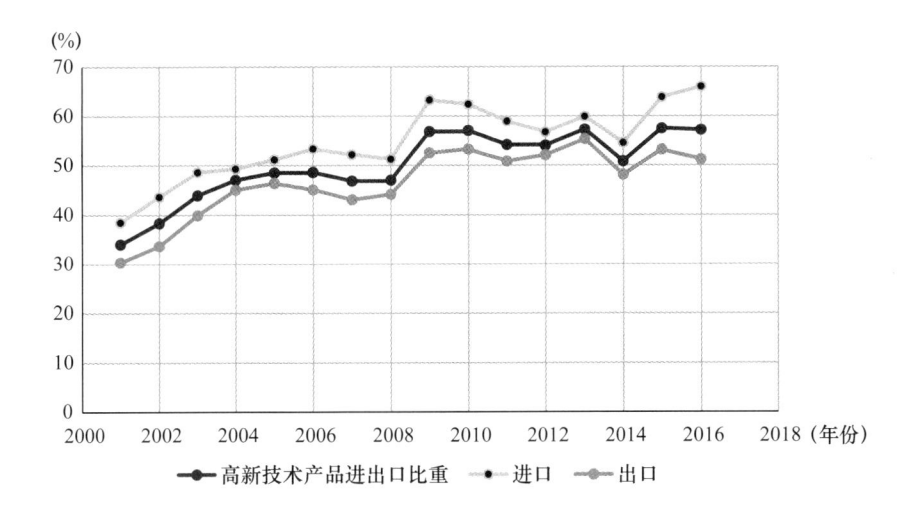

图 3-1 深圳高新技术产品占进出口总额百分比

资料来源：笔者根据《深圳统计年鉴（2017）》相关数据整理。

深圳以生物医药与生命健康作为战略性新兴产业和未来产业，重点扶植干细胞工程、基因测序、细胞治疗等生命科学产业，建成坪山国家级生物产业基地、国际生物谷等生命科学产业园区，促使深圳诞生了一批具有良好科研能力的生命科学企业，如华大基因、北科生物等，以生命科学产业作为深圳经济发展新的增长点。与此同时，深圳大力推动境内外生命科学领域研究合作，依托高水平高校、科研院所及其他平台，相继建设了中科院深圳先进技术研究所、劳特伯生物医学成像研究中心等国内领先、国际一流的生命科学研究机构，同时加大力度建设深圳大学生命与海洋科学学院等本地高校的科研力量，形成了多层次的生命科学科研体系，为生命科学产业发展提供了科研、人才培育的坚实基础。近年来，深圳的新能源产业获得长足进步。2017年，深圳新能源产业增加值达676.40亿元，较2016年增长15.4%，超过深圳 2017 年的 GDP 及第二产业增加值的增幅。以新能源汽车为发展重点，通过政府引导与市场参与相结合，深圳在新能源产业中大力推动公交车、专用车、私家车三大领域新能源汽车的先行先试，形成了较为完整的新能源汽车产业链、供应链，培育出以比亚迪为代表的一批新能源汽车及配套技术企业，在为经济发展注入活力的同时，也推进了深圳的环保建设。截至 2018 年底，深圳公交车已全面实现纯电动化，纯电动出租车占出租车总数比也达到 94.21%。除新能源汽车外，深圳的智能电网、太阳能、核能、风能、生物质能、储能电站、页岩气等 7 个领域的新能源产业也均获得了长足进步。以 2011 年颁布的《深圳新材料产业振兴发展规划和政策》为指导，深圳连续数年对新材料产业发展给予资金和政策支持。至 2017 年，深圳新材料产业增加值达 454.15 亿元，较上年增长 15.1%，整体产业规模扩大至 1968 亿元。在产业布局上，形成了以电子信息、新能源、生物材料为主的新材料支柱产业，以功能结构一体化、新型功能材料为主的新材料优势产业，和以超导、纳米材料为主的新材料新兴产业。目前，在新材料领域，深圳共有 110 余家依托高校、科研院所的创新载体，50 余家上市公司及超过 400 家国家级高新技术企业，全市新材料技术专利超过 1 万件，培育出南玻、通产丽星、王子新材、光启、德方纳米等一批新材料企业和创新平台。航空航天领域，作为深圳四大未来产业之一，航空航天产业 2017 年实现增加值 146.64 亿元，增长 30.5%，占深圳全市新兴产业增加值比重为 1.6%，对深圳经济发展的推动作用日渐显著。2013 年印发的《深圳市航空航天产业发展规划（2013—2020 年）》明确将航空电子、无人机、卫星导航、航空航天材料、精密制造技术及装备作为深圳航空航天产业的优先发展领域，并将微小卫星、航天生态控制与健康监测、通用航空现代服务明确为深圳航空航天产业的重点培育领域，清晰规划了深圳航空航天产业建设的发展方向，同时依托设置未来产业发展专项资金，深圳市政府对航空航天市场发展给予了有力支持。目前，深圳已涌现出中航实业、大疆创新、东方红海特等一批具有较强国内国际竞争能力的航天航空领域企业，产业规模不断扩张。

第三节 "好字优先，快在其中"，逐步形成产业集聚的"南山模式"

2015年以来，南山区积极实施"科技创新+总部经济"双轮驱动，加快开发建设重点区域，在提升经济发展质量上跨上新台阶，以世界级的标准来谋划、建设、运营六大重点片区，打造世界级城市建筑群。

自2016年年底以来，南山区扎实推进工作开展，努力将高新区北区建设成为产业更高端、资源更集聚、空间更广阔、交通更便利、环境更优美的世界一流高科技园区，成为中国高新技术创新型产业社群的最佳栖息地。为更好更高效地推动高新区北区升级改造，改变了传统的市场主体自行实施的城市更新模式，采取政府主导、片区统筹的城市更新模式，按照"政府主导、统一规划、产业升级、投控统筹"的整体工作思路，充分发挥政府和企业各自的优势，由区政府负责对高新区北区进行统一规划、制定园区产业升级政策，由深投控公司负责高新区北区升级改造统筹实施的具体工作。

2017年加快土地出让及项目建设进度，六大重点片区预期完成固定资产投资600亿元以上。南山区深入贯彻落实党的十九大精神，推进中信金融中心、地铁红树湾等项目提速，建设深圳湾国际总部集聚区；促进万科云城、大疆总部、留仙洞一街坊等项目建设，打造留仙洞战略性新兴产业总部基地；携手深投控统筹高新区北区更新改造，打造新一代国际高新技术产业园区。加快建设深圳国际科技、产业创新中心核心区，奋力开创世界级创新型滨海中心城区新局面。

南山区2017年的地区生产总值已逼近5000亿元，增速9.1%，经济总量在全省区（县）中居第一，在全国区（县）中居第三。其经济总量、经济结构、经济质量和经济发展方向契合党中央、国务院对中国经济发展的科学预判和期待，堪称珠三角乃至全国经济发达地区的缩影和代表，逐步形成了产业集聚的"南山模式"。

在经济总体发展水平上，南山区的经济结构持续优化，经济发展效率不断提高。2017年，南山区先进制造业保持快速发展势头，占规模以上工业增加值比重达到76.5%；第三产业占本地GDP比例继续增加至54.96%，较2016年上涨1.25%，其中现代服务业占比达到79.6%，每万元的GDP能耗、水耗分别实现4.3%、5.2%的下降。此外，南山区体现在其他领域的经济发展综合实力也得到了巩固。南山区固定资产投资额于2017年突破千亿达到1096.76亿元，增长幅度高达23.5%，总量居深圳市各区首位；在实现税收和"四上企业"（规模以上工业企业、资质等级建筑业企业、限额以上批零住餐企业、国家重点服务业企业）总体规模上，也实现了跨越式发展。

在外向型经济发展上，2017年，南山区实际利用外资总额达6.2亿美元，引进外资项目559个，进出口总额515.7亿美元。通过合理利用外商投资并积极把握深圳科技创新"十大行动计划"机遇，南山区现已吸引了苹果、高通、ARM（中国）、空客等一批国际知名企业入驻，形成全球高端产业集聚，将外资利用和国际经济合作水平提升到新的高度。同时，南山区对外服务水平也在持续进步。位于南山区的深圳蛇口邮轮中心2017年实现旅客流量超过549万人次，同比增长6%，成为珠三角地区连接香港国际机场直至世界各地的重要桥梁。

在科技创新和人才培育上，作为腾讯、中兴、大疆等高新技术企业和深圳大学城所在地，南山区依靠大力投资科研创新并积极吸纳优秀人才，已成为全国重要的智力资本和创新资源集聚区。2017年，南山区R&D经费支出达221.6587亿元，R&D人员共65406人，全区共有国家级高新技术企业2941家，占深圳全市比例26%，年度专利申请量达57277件，布局了5个诺贝尔科学家实验室、2个未来产业集聚区等多个高水平科研和产业中心，并实现中科院深圳先进院、腾讯入选国家级双创示范基地，年度获国家技术进步奖10项，占深圳全市获奖总量的2/3；同年度高水平人才引进方面，南山区实现全职院士增至15人、"孔雀计划"人才增至1901人，全区高水平人才团队建设水平稳步提升。

在就业状况发展上，2017年，南山区在岗职工平均人数745944人，在岗职工平均年工资达到132107元，有效保障了整体就业状况和从业人员工资待遇水平。为构建更高水平的人力资源体系，南山区大力推动实施"领航计划"，对区内企业、科研机构人才进行创新创业资助，同时为其提供政务快捷、医疗保障、住房保障、学术研修等9类综合配套服务，与"孔雀计划"等共同构成南山区对优质人才的吸收能力；同时，南山区依托深圳湾科技生态园建设了南山区人力资源服务产业园，申请入园的企业涵盖了领英、智联招聘等50家具有较高服务水平的人力资源服务机构，为促进区内人才就业提供了有力支持。

第四节　以世界眼光加强顶层设计，创新发展对标全球"一流城市"

创新是一个民族进步的灵魂，是一个国家兴旺发达的不竭源泉。深圳全力推进以科技创新为核心的全面创新，以世界眼光谋划创新体系。

顶层设计要有世界眼光。深圳在客观分析国内外科技发展现状后，近几年加强了创新体系的顶层设计，不断以制度创新、政策创新推动科技创新，为创新驱动发展提供政策保障和战略引领，并由此建成了一批开放式的重大科技设施、创新载体和服务平台，以内涵式发展方式弥补了城市空间狭小的短板，创造了单位面积产出居全国各城市前列的佳绩。党的十八大以来，深圳相继制订出台了全国首个国家创新型城市总体规划，率先发布了促进科技创新的地方性法规，并接连出台自主创新"33条"、创新驱动发展"1+10"文件、战略性新兴产业及未来产业发展规划等一系列政策文件，从财政金融支持、人才支撑、创新载体建设、科技服务业发展等方面，全面加大对自主创新的支持力度，形成了覆盖自主创新体系全过程的政策链。

2016年以来，按照中央关于推进供给侧结构性改革的部署要求，深圳又制定了支持企业提升竞争力、促进科技创新、人才优先发展、完善人才住房制度、高等教育发展、医疗卫生发展等一系列政策文件，以强有力的政策"组合拳"，继续保持和扩大创新政策优势。如何让科研经费更有效率、资金落到实处？深圳为此进行了探索：充分发挥专业机构的作用，改革科技项目评审机制，既为项目竞争择优，也确保科技计划的实施目标和效果。深圳不断推动工作重点向战略规划、政策创新、服务高效的方向转变，充分发挥专家、专业机构在科技计划项目管理中的作用，逐步建立起依托专业机构管理科技项目的制度。据市科技创新委负责人介绍，2017年以来，市科技创新委已对4000多个征集项目进行选题评审，600多个生命健康领域的基础研究（自由探索）类项目异地委托广东省技术经济研究发展中心组织专家评审，有效回避了"近亲"评审，简化了流程。融资难、融资贵是企业发展的老大难问题。深圳加快科技金融试点城市建设，通过实施"科技金融计划"，引导和放大财政资金的杠杆作用，形成了较完善的科技金融服务体系。

对急需资金扶持的重点科技计划项目，深圳以股权投资的方式予以直接支持。此举颠覆了政府无偿资助、直接管理项目的传统方式，通过财政资金阶段性地持有股权并适时退出，为财政资金保值增值、良性循环开辟了新路。深圳还加大对企业的普惠性支持和事后资助，在全国首创普惠性"科技创新券"制度。通过一系列创新举措，深圳基本建立了从实验研究、技术开发、产品中试到规模生产的全过程科技创新融资模式，建设成为全球一流创新城市。

第五节　不断以制度创新、政策创新推动科技创新，破除制约创新的思想障碍和制度藩篱

习近平总书记说过，"科技领域是最需要不断改革的领域""科技体制改革要敢于啃硬骨头，敢于涉险滩、闯难关，破除一切制约科技创新的思想障碍和制度藩篱"[1]。制度和政策的约束，往往在一定程度上影响了科研成果的转移转化。科技成果有很大时效性，根据以往国有资产管理条例规定，科技成果转化都需经由上级主管部门的评估和审核，相关部门的态度以审慎为主，这在一定程度上耗费了时间成本。2011年起，中国科学院深圳先进技术研究院就与深圳知识产权局合作探讨关于知识产权运用的法律环境问题的项目，希望对知识产权运用管理进行地方配套立法，但目前尚未进入立法程序。

2016年3月18日，深圳出台的《关于促进科技创新的若干措施》中，明确表示为激励科研院校科研成果转化，下放科技成果使用、处置和收益权。措施规定，将财政资金支持形成的，不涉及国防、国家安全、国家利益、重大社会公共利益的科技成果使用、处置和收益权，下放给符合条件的项

---

[1] 习近平：《在中国科学院第十九次院士大会、中国工程院第十四次院士大会上的讲话》，人民出版社2018年版，第13—14页。

目承担单位。单位主管部门和财政部门对科技成果在境内的使用、处置不再审批或备案，转移转化所得收入全部留归项目承担单位，处置收入不上缴国库。允许市属高等院校、科研机构协议确定科技成果交易、作价入股的价格。这一制度改革在很大程度上意味着政策的松绑。

党的十八大以来，深圳加快以源头创新为核心的基础研究，不断推出重大科学项目和科技专项计划，相继规划建设了十大诺贝尔奖科学家实验室、海外创新中心、基础研究机构等，全市科技基础设施演变为集群化态势。源头创新，使未来产业"活在当下"。全球正在兴起的虚拟现实产业，深圳已抢先一步进入标准制胜的轨道。在2017年IEEE标准协会理事会议上，深圳提交的5项国际标准提案获准正式立项，这是该领域首次由中国企业主导国际标准的制定。在超材料、虚拟现实、无人机、人工智能等未来产业领域，深圳企业均在国际标准制定中扮演着重要角色。创新驱动的核心是人才。近年来，深圳接连出台高层次专业人才"1+6"政策、引进海外高层次人才"孔雀计划"等政策，创新科技人才管理模式，不拘一格引进人才，构筑平台培养人才，优化环境使用人才。在政策利好吸引下，深圳再现"孔雀东南飞"盛况。

"孔雀计划"是目前深圳最具特色且最有成效的高水平人才引进计划，其也与深圳的产业创新发展方向息息相关。目前，深圳将文化创意、高新科技、现代物流和金融作为支柱产业，以生物、新能源、互联网、新材料产业为战略性新兴产业，相关产业的创新发展亟需对高水平国际化科研人才和团队的广泛吸引，"孔雀计划"在这样的现实需求下应运而生。"孔雀计划"对标深圳产业发展的人才需要，对纳入计划的海外高水平人才给予160万至300万元的奖励补贴和居留及出入境、落户、子女及配偶入学和就业等方面的优惠政策，并对引进团队给予8000万元的专项资助及其他便利性科研政策支持。自2010年实施以来至2017年底，经"孔雀计划"认定的深圳海外高层次人才总计达到2954人，年度新纳入人才958人，引进创新团队116个，有力支持了深圳高水平人力资源的培育和科研领域发展。此外，深圳也依靠"珠江学者"等各级人才引进计划，与及坪山"聚龙计划"、南山"领航计划"等具有下辖各区特色的人才引进方案等，以清晰完善的布局，结合现实需要推动落实高水平人才引进。

与人才计划相呼应，为更好推动产业结构优化发展，深圳也出台了一系列创新支持政策。针对生命健康、航空航天等6大未来产业和生物、新能源、新材料等7大战略性新兴产业，深圳分别制定了类似的支持政策。2013年，深圳市人民政府印发《深圳市未来产业发展政策》，明确市财政自2014年至2020年每年投入10亿元设立市未来产业发展专项资金，并对设立相关科研及技术机构予以奖励；2018年，针对战略性新兴产业的《深圳市战略性新兴产业发展专项资金扶持政策》亦开始正式实施，同样以设立专项资金的形式，为相关产业发展给予充分的资金支持。此外，近年来，涉及科技基础设施、科研机构、人才工程等领域的深圳"十大行动计划"被积极推动，深圳对实体经济及固定资产的投资力度进一步加大，而在专利及知识产权制度建设方面，中国（深圳）知识产权保护中心于2018年获得国家知识产权局批复同意建设，未来深圳在新能源、互联网等产业的知识产权保护能力将得到显著提升。

第四章 深圳——金融发展的领头雁

第一节 坚持把深化金融改革作为根本动力，着力建设科技金融深度融合先行区

一 以前海金融先行先试为突破口

前海金融先行先试，指的是2012年国务院通过的深圳前海金融改革创新先行先试政策，通过支持深圳前海深港现代服务业合作区建设，打造现代服务业体制创新区、现代服务业发展集聚区、香港与内地紧密合作的先行区。主要的政策有支持前海构建跨境人民币业务创新试验区；探索试点跨境贷款；支持前海企业赴港发行人民币债券；支持设立前海股权投资母基金；支持外资股权投资基金在前海创新发展；支持在CEPA框架下适当降低香港金融企业的准入条件；支持前海试点设立创新型金融机构和要素交易平台；支持境内外金融机构在前海设立国际性或全国性管理总部、业务运营总部等。在2013年年初，前海入区企业304家，注册资本总额达到372亿元，投资总额也超过了1000亿元。而在这300多家企业中金融机构占到了七成，前海建设初具规模。2015年4月，前海蛇口自贸区成立，前海蛇口自贸区将更加注重金融

功能，叠加自贸区政策后，前海蛇口片区将围绕推动人民币国际化、利率及汇率市场化改革，重点在"人民币资本项目可兑换、跨境人民币业务创新、深港金融市场互融互通、投融资便利化"等方面先行先试，前海融资租赁企业在2015年达到了527家，占全国企业总数的1/5，同比2014年年末新增企业143家，业务规模近1000亿元，在此期间，区内的基础设施建设基本完成，深港合作深化，初步建立了现代化服务体系。前海跨境人民币贷款业务稳步快速发展，2015年年末前海跨境人民币贷款备案金额累计超千亿元，实际投放金额合计340亿元。跨境双向发行人民币债券取得突破，前海中小企业金融服务有限公司、前海金融控股有限公司获批赴香港分别发行30亿元、10亿元人民币债券，所募集的资金可部分调回境内用于前海建设，前海企业境外母公司或境外子公司在境内市场发行前海人民币"熊猫债"获得监管部门许可。民营银行和消费金融公司成功试点，前海微众银行成为中国首家开业的民营银行和互联网银行，招联消费金融有限公司成为落户广东的首家消费金融公司。新型金融企业加快落户，2015年年末前海金融及类金融企业3.1万家，占全部入区企业一半以上，聚集了大量股权投资企业、公募基金子公司以及互联网金融、保理、小额贷款、要素交易市场等新型金融企业，形成宽领域、跨行业、多层次的创新金融生态圈。2017年前海地区世界500强企业达到了300多家，港资注册背景的企业8000多家，纳税数额1000万元以上的企业500多家，2018年深圳将着力建设前海城市新中心，推动前海与周边地区联动协同发展，推动建设一个现代化、国际化的示范区。

前海蛇口自贸片区目前的重大基础设施：前海湾综合交通枢纽、妈湾跨海通道工程、大南山隧道、望海路下穿通道工程、月亮湾大道快速化改造等项目建设。前海水城：建成双界河、桂庙河、前湾河和月湾河水廊道，实现水廊道互相连通。重大产业项目：加快腾讯前海大厦、华润前海中心、民生电商前海总部大厦、弘毅全球 PE 中心、前海要素交易广场、嘉里前海总部、恒昌信息产业总部大楼、世茂金融中心、前海自贸大厦、金立总部大厦、香缤前海金融中心、深国际智慧港先期项目、招商局前海自由贸易中心一期等项目建设。

表4-1　　　　　　　　前海自贸区数据　　　　　（单位：亿元）

前海自贸区数据	税收收入	社会固定资产投资
2017 年一季度	86.73	51.06
2018 年一季度	118.04	58.62

资料来源：深圳前海数据。

通过发挥前海蛇口自贸片区区位优势和政策优势，通过"规则对接"与"产业对接"相结合，加强了前海蛇口自贸片区的制度推广和功能延展，加强了片区空间产业发展规划，统筹推进了前海区块与蛇口区块的一体化联动和差异化发展，促进了自贸片区与南山、宝安等周边城区的融合发展。发挥前海蛇口自贸片区高端要素集聚优势，增强了服务珠三角制造业企业的能力，打通了泛珠三角区域经贸合作通道。

二　互联网金融与科技创新迅速发展

互联网产业发展至今，已逐步从传统的产业模式向"互联网+"产业模式演变，其对经济社会发展的作用也日趋明显。"互联网+"时代，大数据、云计算、物联网等新技术不断产生，在帮助企业、政府提升数据收集和决策能力的同时，催生了移动支付、新零售、智慧制造等新兴产业，为经济发展注入了新的活力，同时也为人民生活带来了更多便利。受互联网及"互联网+"相关技术进步影响，中国的工业制造、电子商务、互联网金融、物流等相关行业均依托新技术实现了不同程度的业态更新与产业升级。2018年，中国实现互联网产业总值达9562亿元，互联网产业对经济发展的贡献水平持续增长。

2015年3月5日，国务院总理李克强在第十二届全国人大三次会议上指出，要制订"互联网+"行动计划；同年10月召开的党的十八届五中全会通过的《中共中央关于制定国民经济和社会发展第十三个五年规划的建议》，明确指出实施网络强国战略。网络强国战略与"互联网+"行动计划共同组成了当前中国互联网产业发展的基本战略目标和实施思路，战略实施过程中，应重点推动相关网络基础设施和软硬件建设、提升互联网及"互联网+"应用水平，并实现关键技术的国产化和自主创新，为中国互联网产业的未来发展提供有效保障。

在互联网金融及金融科技发展上，作为全球最为重要的金融中心之一的纽约，拥有着非常发达的互联网金融应用体系，值得深圳在培育自身互联网金融产业的过程中进行学习借鉴。依托互联网、移动设备等现代技术，纽约的金融科技应用已涵盖了银行业务、安全服务、电子商务、移动支付、保险科技、个人理财、财务管理、教育投资、云服务、融资、金融交易等多个领域，培育出银行业务移动服务平台 Moven、移动安全平台 Payfone、融资服务平台 Zibby、信用卡支付平台 Card Flight、数字保险代理机构 Bolt Insurance Agency 等专门化而互为补充的互联网金融平台和机构，极大地提升了纽约金融交易的便利性与安全性，使各类跨国金融交易得以高效运转。在深圳打造互联网金融产业过程中，也应借鉴纽约的发展经验，注重多种类型的互联网金融建设，形成完善的互联网金融交易体系。

改革开放以来，随着互联网技术的发展，深圳的传统金融机构纷纷响应国家"互联网＋"战略的号召，开始布局互联网金融，积极实现实体到网络、线下到线上的转变，加快推进互联网金融业务发展。深圳支持第三方支付企业与金融机构共同搭建安全、兼容、高效的在线支付平台，满足交易环节的多元化、个性化支付需求。鼓励支付企业创新服务产品，重点支持跨境支付、移动支付、数字电视支付等互联网支付业务，防范支付风险，确保支付安全，打造国际化支付品牌。竭力建设一批互联网金融云服务平台，鼓励金融机构探索利用云服务平台开展金融核心业务。推动金融集成电路卡全面应用，提升电子现金的使用率和便捷性。深圳金融企业的数量很多，而且种类不一，既有传统金融机构的创新模式的出现，也有新的电商平台的涌现，拥有平安集团、投哪网、红岭创投、口袋银行、微众银行、财付通、金斧子理财等多家业态各异的互联网金融企业，深圳融资业务发展迅速，截至 2018 年，融资平台超过 600 家，数量居全国第一位，贷款规模超过了 900 亿元，占全国份额的 1/3；第三方支付机构的数量稳居全国第一，仅一季度交易额就超过了 8 万亿元，深圳无疑成了互联网金融发展的圣地。深圳在鼓励金融创新的同时，也开始了对行业的有效监管，深圳率先颁布《关于支持互联网金融创新发展的指导意见》，而且深圳全面开展互联网金融专项整治活动，针对区域内的网络借贷、私募股权等开展严密的风险排查工作，经过监管洗礼之后，深圳整个互联网金融行业走向了更健康的发展道路。

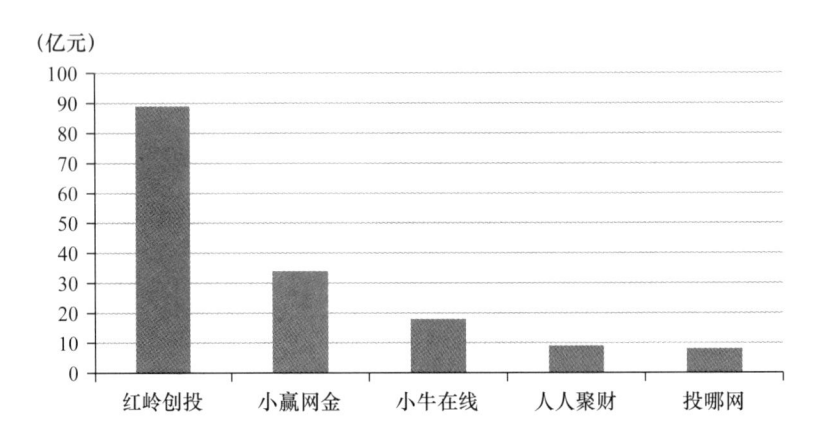

图 4-1　2018 年 4 月深圳主要 P2P 平台成交额

资料来源：网贷天眼研究院。

改革开放以来，深圳的创新水平步步高升，鼓励开展核心技术的自主研发和创新，支持企业重大技术攻关、共性技术研究、发明专利申请，鼓励创新团队参加深圳举办的全国性创业大赛，推动云计算、物联网、新一代信息技术和大数据挖掘在电子商务领域的应用。有效发明专利 5 年以上维持率在 85% 以上，居全国第一。新增国家级高新技术企业 3193 家，累计达到 11230 家。ARM、空客等全球科技巨头相继在深圳设立研发机构。一大批前沿"黑科技"在深圳试商用或者诞生。搭载"阿尔法巴智能驾驶公交系统"的电动公交车在深圳开展试运行，瀚海基因推出全球唯一用于临床应用的第三代基因测序仪，大疆正式开售带有人脸检测功能的无人机 Spark。在 CES 2018 年展会上，来自深圳的参展企业有近 500 家，占所有参展商的 10%。2017 年设立天使投资引导基金，建立知识产权质押融资风险补偿基金，在全国首推专利被侵权损失保险，完善了创新支撑体系。

同时，深圳一直坚持自主创新，注重科技引领创新驱动，深圳作为中国重要的经济中心和全国创新中心，拥有一批以腾讯、中兴、华为等为代表的互联网信息技术公司，本土的金融科技创新迅猛发展，深圳正吸引着一大批科技初创企业在这里孵育发展。深圳在科技创新转型成功的同时，加速推行国家创新驱动发展战略，通过构建科技创新扶持系统、引进布局创新载体、完善科技创新管理体系、加大人才引进资金投入等一系列措施，完善自主创新政策体系和服务保障机制，促进知识、技术、人才、资本有机结合和良性互动，大力推进五大自主创新工程，深入推动金融科技的创新；深圳市政府联合科技创新局与互联网平台公司合作推出"南山科技金融在线平台"，通过互联网平台技术，科创局构建出了一整套"科技型中小企业创新能力综合评价体系"，改变了传统线下的方式，开始了参考评价标准体系的创新。深圳市政府先后通过与北京银行、浦发银行等金融机构达成合作，建成了 5 家科技金融特色支行，在风险业务审核、金融产品创新交易、大规模融资等方面进行了自我创新，形成了各自的业务特色。同时深圳依靠互联网技术，以深交所投融资信息大数据为核心，构建了创新企业股权融资平台。

三 成功开拓证券市场与外汇市场，展望国际贸易与投资

深圳证券交易所成立于1990年12月1日，为证券集中交易提供场所和设施；2000年以来，全球新经济快速发展，中国经济结构加快调整，客观上要求资本市场发挥其促进企业创新和科技进步的重要功能，深交所先后设立中小企业板和创业板，开辟出一条有中国特色的多层次资本市场体系建设道路；2005年4月29日，中国证监会正式启动股权分置改革；2006年年底，深交所上市公司股权分置改革率先基本完成；2009年10月23日，创业板正式启动，创业板启动标志着多层次资本市场体系架构初步确立；截至2017年，上市公司总数2089家，总市值超过了20万亿元。

改革开放之初，深圳特区成立了中国第一个外汇调剂中心，推动了中国外汇市场的发展，之后陆续建立了外汇经纪中心和外汇拆借市场，通过促进外汇资金市场的流动性，解决了一些企业急需的外汇资金需求，提高了中国外汇资金使用效率，初步建立了境内外汇资金市场运作和利率形成机制，为日后离岸金融市场的发展积累了经验，支持国内企业"走出去"，进行跨国经营；开展境外金融服务，引进大量外资，同时加强对外投资，获取了增加利润的新途径，增加了非贸易外汇收入；而且提高了深圳银行的国际化、现代化水平。

作为改革开放的前沿，深圳的外汇市场和外汇制度变革深刻反映了持续对外开放中深圳对外金融领域的经验积累和能力提升。作为初始期深圳外汇市场的主要交易机构，原深圳经济特区外汇调剂中心于1985年11月成立，并于同年12月12日完成了第一笔外汇交易。在成立初期，深圳经济特区外汇调剂中心对外汇的调剂范围仍限于国营和集体企事业单

位，没有将外资企业纳入服务范围，并限制调剂价格，以10%作为出口换汇成本的浮动范围，并用于对外汇条件业务的集中办理权力。

1986年12月，深圳经济特区外汇调剂中心开始放宽相关外汇调剂限制，允许"三资"企业（即中外合资经营企业、中外合作经营企业和外商独资经营企业）与国营和集体企业互相调剂并允许以个人为调剂对象，并放开调剂价格为调剂双方共同商定结果。外汇调剂限制的放宽显著促进了深圳外汇交易市场的发展，仅政策实施当月，即实现成交168笔交易，共计交易金额达到1745万美元，同比增长达到6.2倍和5.6倍。同年，中国银行深圳市分行、中国农业银行深圳市分行在深圳首次开展外汇业务，标志着深圳外汇市场体系的丰富，也为此后深圳外汇市场的变革奠定了基础。

1990年3月，深圳经济特区外汇调剂中心进行了一系列改革。首先，企业间外汇调剂实行经纪人制度，相关交易委托至银行进行；其次，外汇调剂市场实行会员制，不允许非会员参与相关调剂业务；再次，以价格和时间优先为原则，在外汇交易过程中，依照客户委托有会员之间进行公开竞价；同时，全面推动交易电子化，运用电脑处理相关交易业务，并依托大型电子显示屏予以相关信息的展示；最后，由向客户收取保证金的外汇调剂市场会员相互清算的方式作为成交后的资金清算方式。在改革推动下，深圳外汇市场步入了新的发展阶段，至1993年，深圳年度外汇交易量已大幅增加至29.9亿美元。

1994年中国进行了外汇管理体制改革，开始实行市场导向的浮动汇率制度，取消外汇留成制度，银行结售汇业务体系正式建立。在此背景下，一方面，中国银行率先在深圳推动外汇结售业务，并在随后将业务范围不断扩展至进口开证减免保证金、远期结售汇业务等；另一方面，深圳经济特区外汇调剂中心紧紧跟随政策改革方向，积极推进区域性外汇调剂业务向全国统一外汇交易市场转型，并在1994年3月成功实现了第一笔跨区域外汇交易。同年10月，由深圳经济特区外汇调剂中心为经纪人的外汇同业拆借市场得到设立，以拆借双方对外汇的供求能力和借款人资信水平决定拆借利率，并制定了共8种实施差别利率的期限，交易币种则涵盖美元、港币等多种外币。1996年后，由于银行结售汇体系扩充至外资企业，深圳的银行间外汇市场开始逐渐取代此前的外汇调剂市场的地位，为适应时代发展趋势，深圳积极推动各商业银行外汇业务扩展，以取代深圳经济特区外汇调剂中心的地位。1998年12月1日，原外汇调剂中心正式更名为中国外汇交易中心深圳分中心，标志着深圳银行间外汇市场主要外汇业务地位的最终确立。

其后，伴随着2005年人民币汇率制度改革和2007年《个人外汇管理办法》实施，深圳外汇市场及其管理体制进行了新一轮的调整。第一，以中国银行推出即期结售汇"一日多价"服务和推动个人结售汇渠道便利化为代表，深圳各商业银行作为外汇业务的主要提供者，在服务水平和多样性上更加贴合客户的实际需求；第二，国家外汇管理局深圳分局积极推广出口收汇网络核销及相关制度保障，有效减轻了企业进出口负担，为这一阶段深圳企业重组和机制改革提供了有力支持。上述措施均为日后深圳一系列外汇市场的创新化发展奠定了基础。

2009年7月，深圳成为首批跨境贸易人民币结算试点城市，此后至今，深圳外汇市场、制度的发展方向调整为扩大市场规模与助力人民币国际化并举。首先，进一步推动更多银行及其他类型金融机构进入外汇交易市场，提升外汇交易的市场活力和灵活发展潜力，为企业、个人进行相关业务提供更广泛的选择和更强的便利性；其次，由具有丰富的外汇业务服务经验的银行提供范围更广的相关业务，如中国银行深圳市分行办理了首笔前海跨境人民币贷款，中国农业银行深圳市分行建成了总行跨境人民币业务处理中心和境内清算分中心等；再次，进一步完善外汇市场管理制度，于2016年起实施外汇和跨境人民币业务展业自律机制，管理方式更加灵活，银行等金融机构的积极性也被充分调动。

开放是繁荣的必由之路，2017年，深圳经备案的境外投资项目244个，项目总投资额约45.78亿美元，其中投资于亚洲的项目最多，有176个，占总量的72.13%，投资额约30.56亿美元，占投资总额的66.75%，深圳发挥了在全国新一轮对外开放中的引领作用，积极参与了"一带一路"建设，充分利用国际国内两个资源，以开放合作拓展发展空间，促进要素有序流动、资源高效配置、市场深度融合，充分发挥深圳地缘、商缘、人缘优势，以设施联通、贸易畅通、民心相通为重点，全面深化与"一带一路"沿线国家的合作，成为建设海上丝绸之路的重要支撑，主动参与"信息丝绸之路"建设，推进海港、空港、信息港等多港联动。

近年来，深圳在"一带一路"倡议合作框架下进一步推动对外开放，打造更高水平的外向型经济体系，通过不断提升对外服务能力，积极参与"一带一路"国际经济贸易和产能合作。在政府引导下，深圳企业广泛参与"一带一路"建设，对外投资及承包工程规模不断增长，推进一系列重大经贸、投资项目落实，形成了"一带一路"优势产业合作链条，促使深圳更加深入参与全球产业及供应体系，并为"一带一路"倡议实施带来了积极影响。

2013年开始，在"一带一路"合作框架下，基础设施建设领域的深圳国有企业和高新技术产业领域的深圳大型民营企业实现了更高水平的"走出去"，全面参与了"一带一路"地区的公共设施建设和跨国经贸合作。在对外承包工程和基础设施建设领域，据统计2013年至2017年，深圳在43个"一带一路"沿线国家开展承包工程项目，项目范围涵盖东欧、非洲、南亚、东南亚等多个地区，期内实现签署合同量达1566份，并实现合同额及完成营业额分别达到406.29亿美元和376.19亿美元，均占同期深圳对外承包工程总体水平的接近一半。较有代表性的深圳"一带一路"对外承包工程项目，包括深圳地铁集团参与建设运营的埃塞俄比亚斯亚贝巴轻轨等。

在对"一带一路"沿线国家和地区的投资方面，据统计，2013年至2017年，经核准备案由深圳企业在"一带一路"沿线设立的企业、机构共达217家，涵盖36个国家和地区，企业、机构数量为同统计口径年份总和的1.11倍；在投资总额上，我方协议投资额达到34.73亿美元，占同期深圳对外投资总额的9.71%。目前，深圳企业通过资金投资、参与运营和开设工厂等形式，对"一带一路"地区国家和地区的能源、港口、通信、制造业等领域广泛投资，如招商局港口公司对15个"一带一路"国家和地区共计31个港口进行投资或参与运营、中广核集团成为罗马尼亚 Cernavoda 核电项目最终投资方等。

与此同时,"一带一路"倡议框架下深圳企业与相关国家和地区的优势产业合作领域也在不断拓宽。除基础设施、工业制造外,深圳企业还广泛参与到了"一带一路"国家和地区的医疗、新能源、智慧城市建设等领域,充分发挥了深圳在相关产业发展上的优势地位。例如,医疗产业方面,迈瑞、理邦等深圳医疗器械企业借助"一带一路"倡议东风,成功拓展了东南亚、欧洲等地区的市场,为"一带一路"医疗合作范围的拓展创造了有利条件;新能源产业方面,比亚迪、五洲龙等新能源汽车企业积极布局,使自身生产的新能源汽车在东南亚、东欧部分国家的公交系统及专业投运领域广泛使用;而智慧城市建设方面,华为智慧城市项目已成功在亚太、中东和欧洲地区开展合作,其中在 2018 年 9 月成为德国城市杜伊斯堡智慧城市升级布局服务商,同时,中国平安保险(集团)股份有限公司的平安智慧城市平台也实现了在多个"一带一路"国家和地区的推广及实施。

为保障企业在"一带一路"倡议合作框架下实现更高水平的对外开放、解决企业后顾之忧,深圳在政府引导下,成功打造并实施了对企业的资金、平台、保险、服务"四位一体"金融服务体系,使该体系充分服务于"一带一路"倡议实施,促进跨境基金参与实体经济"一带一路"合作,创新跨境资本合作模式。此外,深圳还推动企业广泛开展和参与"一带一路"倡议相关经贸合作展会等合作机制,2015 年至 2017 年,深圳共支持行业机构带领企业参与 58 场"一带一路"沿线重要展会,有效提升了"一带一路"各国、地区对深圳优势产业、产品及其他发展成果的了解，为深化合作创造了更多机会。

第二节 始终把服务实体经济作为根本目的，增强金融服务实体经济实效性，防止金融资源过度流向房地产

一 服务小微企业，与实体经济发展形成有效互动

从2010年到现在，深圳全面推进普惠金融发展，根据自身的情况，探索深圳特色化道路，坚持金融服务实体经济，研究出台金融科技创新、绿色金融等政策，更好促进经济和金融良性循环、健康发展贴近市场，简化信贷手续，缩短决策流程，落实减费让利，有效满足小微企业"短、小、频、急"的资金需求。在2015年，深圳社会融资规模增量达到7072亿元，同比增长1194亿元，有力支撑了全市经济社会发展，深圳银行业用于小微企业的贷款余额4934.86亿元，小微企业贷款的申贷获得率超过85%，连续7年实现"两个不低于"目标，即小微贷款增速不低于各项贷款平均增速，增量不低于上年同期。

全市共有境内上市公司202家，全国排名第六；总市值4.6万亿元，全国排名第三，一大批优秀本土企业利用资本市场做大做强。2015年深圳保险市场实现保费收入647.6亿元，比2010年增长79.1%；深圳保险业共承担各类风险保障101.3万亿元，赔付和给付支出176.7亿元，出口信用险支持深圳出口297亿美元，支持了外向型经济发展，保险业的经

济补偿功能和"稳定器"作用得到更加有效的发挥。除了银行业，保险业也将服务实体经济作为根本目标，2017年5月，中国保监会发布了《关于保险业支持实体经济发展的指导意见》，提出了保险业服务实体经济发展的总体要求和基本思路。深圳保监局积极响应，从风险保障、服务国家战略、创新形式、改进监管等方面，提出有效措施，大力营造保险业服务实体经济的良好政策环境，促进保险业持续向振兴实体经济发力、聚力，提升保险业服务实体经济的质量和效率。

同时，深圳大力普及中小企业电子商务应用，推广万家中小微企业电子商务应用工程，扶持中小微企业通过第三方交易平台开设网店、网上商城，开展网络直销、网上订货和洽谈签约等业务；引导中小微企业积极融入龙头企业的电子商务购销体系。引导传统制造企业利用电子商务手段重构采购、加工、制造、销售等各要素环节，优化生产组织方式，推动工业产品向服务产品延伸，实现跨界经营。

二 深化改革，引导房地产资金流入实体经济

改革开放以来，深圳经济发展迅速，成为当之无愧的金融经济中心，房价也随之水涨船高，在一定程度上房地产大规模资金的流动影响了实体经济的发展。在近期的楼市调控中，深圳采取的一项措施正是严查消费贷流入房地产，深圳银监局曾提出，严禁个人消费贷款资金用于生产经营、投资以及流入房地产市场用于购房或偿还购房借款，不得发放无指定用途消费贷款，不得以化整为零方式规避受托支付和用途管控，并加强信用卡大额透支和大额提现业务合法性管理。这确实对抑制房地产投资有一定作用，使得深圳的楼市基本

能继续保持平稳，这一举措同时也是为了抑制资产泡沫，是控制金融风险的手段。自2016年10月出台新一轮楼市调控政策以来，楼市价格已连续12个月下降。事实上，这恰恰也是助力实体经济发展的重要帮手。深圳市政协关于壮大实体经济的报告曾指出，近几年实体经济得不到有效的资金支持，科研、创新、转型、升级遇到问题，而政府在有意识地引导房地产资金进入到实体经济，支持经济结构转型升级。深圳统计局的数据显示，2018年上半年，深圳金融业增加值超过了1400亿元，增长12.1%；房地产业增加值相对减少，下降1.4%。

第三节 时刻把化解金融风险作为根本任务，稳步推进结构性"去杠杆"

1997年东南亚金融危机爆发，深圳作为中国的南大门也受到了很大的影响，受到东南亚国家币值贬值的影响，中国产品本身由于廉价劳动力导致定价较低，降价空间已经很小，出口到东南亚、日本、韩国的难度增加，出口产品的相对成本提升，削弱了产品竞争力，深圳市政府大力救市，出台相关政策，努力扩大内需，推动出口贸易，从1998年1月1日起恢复对外商投资项目进口设备的减免关税政策，扩大利用外资，鼓励引进国外先进的技术，优化产业结构调整，同时刺激国内投资，改善贸易结构，增加高新技术产品比重；注意加强对资金的监管，明确资金来源主体，平衡资金使用结构，建立起相应的风险预警机制和协调机制，有效应对各种问题的发生，自此深圳经济开始回暖。2008年国际金融危机由美国次贷危机引起并袭至全球，深圳对外经济依存度很高，这一场国际金融危机，对深圳造成一定程度的冲击，从直接影响来看，深圳金融业遭受的正面冲击主要是平安保险因购买欧洲富通集团股份而亏损了100多亿元，而且深圳一直在加强与香港的合作，试图通过香港进行国内资本的全球性投资和资产配置，但由于全球经济的衰退，这一对外投资势头暂时受到打击。从经济发展整体格局上看，2008年爆发的国际金融危机对深圳造成了直接且显著的冲击。国际金融危机爆发后，由于外部消费和投资能力受金融体系崩溃影响而明显下降，对外贸、外资具有较高依存度且作为深圳最重要产业形态的加工贸易行业发展受到严重阻碍，进而对深圳整体经济状况造成了显著的不利影响。据统计，在金融危机伊始的2008年春季，加工贸易服装、塑料制品和简易电子制品等产品的深圳中小企业首先受到金融危机冲击，出现了订单减少、资金周转效率降低等相关经营问题；至同年第3季度，冲击蔓延至深圳金融业及物流业，其中，金融业总资产出现负增长，行业税前利率下降至此前水平的70%，物流业则受冲击更为严重，大量企业业务量明显下滑，仅为正常水平的30%，包括其他各行业在内，受危机影响关闭和破产的企业达到682家。至2008年年底，深圳全市经济发展已全面受到金融危机爆发带来的负面影响，受危机影响而订单减少、利润缩减乃至破产的企业急剧增长，部分加工贸易型企业订单数量下滑率达到30%至50%，制造业PMI指数下降至44.79%，反映经济发展呈整体衰退趋势，同时，消费者对住房及配套产品、奢侈品的需求明显下降，且受企业大规模关闭破产影响，约 100 万人被迫下岗，加之年末大量劳动力返乡，深圳的城市人口在短期内减少高达 450 万，占全市总人口约 1/3，严重阻碍了城镇化发展进程。

为积极应对全球金融危机对经济发展的严重冲击，深圳市委、市政府采取了一系列行之有效的举措，提振经济活力。

第一，全面贯彻落实国家层面应对金融危机的各项政策措施。根据党中央、国务院 2008 年 11 月提出的应对全球金融危机"出手要快、出拳要重、措施要准、工作要实"的总要求，深圳在整合金融危机爆发后一系列产业支持政策基础上，于 2009 年 3 月出台《关于积极应对国际金融危机保持经济平稳发展的若干措施》，以服务力度、产业升级、企业投资、出口稳定、扩大消费等 8 个领域为措施布局方向，帮助企业解决受金融危机影响导致的一系列生产经营问题；同时，深圳还设立首期投入 10 亿元、总额 30 亿元的创业投资引导资金，解决初创企业融资问题，并且给予企业融资、用地出让、收费减免等各类优惠政策。此外，对国家为应对危机在本市设立的 17 个新增投资项目，深圳也从资金、制度领域进行了全面支持。

第二，大力推动企业自主创新能力提升和产业结构升级。面对国际金融危机对加工贸易行业造成的严重不利冲击，深圳危中寻机，助力和推动企业提升自主创新能力和产业结构升级，积极寻求和培育新的经济增长点。通过继续深化对各类战略性新兴产业和未来产业的扶植和培育，深圳以第三产业为主要力量、以金融业等高端服务业为发展重点，在国际金融危机过后即实现了经济和总体恢复性发展和发展质量的提升。2009 年，深圳 GDP 增长率较 2008 年上升 10.7%，超过预期目标 7 个百分点，第三产业较上年增长 12.5%，增加值达到 4363.12 亿元，其中金融业增加值达到 1148.14 亿元，占 GDP 总体水平提高至约 14%；在衡量发展质量的其他指标上，深圳也于同年实现了每平方千米 GDP 产出增长和单位 GDP 能耗、水耗下降，反映出金融危机后深圳经济发展质量的进一步提升。

第三，谋求经济发展转变，全面拓展国内外市场需求。经济的高度外向型特征使深圳受国际金融危机影响尤其显著，为提升经济发展的风险抵御能力，深圳在应对危机中积极转变，寻求经济发展由高度外向型向内外并举转型。在国内市场拓展上，深圳积极推动本地固定资产投资，实现 2009 年全社会固定资产投资总额达到 1709.1514 亿元，较上年增长 16.49%；同时，在刺激消费的相关举措方面，除在本地举行各类产品大型展销活动外，深圳还积极与国内其他城市合作，主动推进"深货北上"，与成都、西安、兰州等城市举办了如深圳—成都拉动内需经贸洽谈会暨宝安—金牛产品展销会等一系列产品推销活动，实现了深圳与内地其他地区的市场、产业优势互补，有效拉动内需。在国外市场拓展上，深圳重点发展与受金融危机影响较小的全球新兴市场国家、地区的经贸合作，推进建设中国—越南（深圳—海防）经贸合作区，继续优化外贸结构，提升抵御金融及经济危机风险能力。深圳市政府在这段严峻时期不断监察评估本地市场，及时判断金融海啸对深圳经济和主要产业造成的影响，研究提出具体的应对方法，发掘新的商机，帮助企业渡过难关。此外，工商部门为大企业开通绿色通道，减少不必要的成本。市场逐渐恢复后，在市场构成方面，除了股市，逐渐增加了货币、黄金、衍生品等交易市场。在机构方面，吸引和鼓励新的机构进入市场，同时继续鼓励金融创新，扩大已有优势。

第四节　把握"一带一路"重大机遇，加快国际化金融创新中心建设

一　推进跨境金融创新

继续推进人民币国际化战略，依托毗邻香港国际金融中心的区位优势以及中国自由贸易试验区深圳前海蛇口片区、前海深港现代服务业合作区等平台，进一步打通本外币、境内外、在岸离岸市场的对接合作路径，持续拓宽跨境资金融通渠道，完善跨境资产交易机制，加快构建境内外投资者共同参与、交易、定价和信息功能较强的跨境人民币资产市场。配合推进外汇管理改革创新和资本项目有序开放，探索开展资本项下外汇额度管理创新，研究实行本外币账户管理新模式，尝试对跨境流动资金实施轧差管理，深化跨国公司总部外汇资金集中运营管理试点，鼓励跨国公司设立全球性或区域性资金管理中心；探索个人境外直接投资试点，推动合格境内投资者境外投资试点工作，开展包括直接投资、证券投资、衍生品投资等各类境外投资业务，支持前海跨境财富管理中心建设；积极研究基金产品、私募股权产品、信托产品等金融资产的跨境交易，扩大资本项下资金境内外投资的广度和深度。继续推动发展互联网金融、"互联网＋"金融等金融业现代技术和服务方式，拓展交易安全、电子商务、保险科技、个人理财、教育投资、云服务、金融交易等领域互联

网技术应用水平，提升金融领域的交易便利性、安全性和多样性，并注重经验总结，积极扩展金融领域技术和服务的创新前景。

二　引进和培育高层次金融人才

研究出台专项金融人才政策，实行更具竞争力的金融人才激励措施。综合运用政府组团招聘、网络招聘、定向猎取等方式，加快引进海内外高端金融人才和紧缺金融人才。鼓励金融机构通过市场手段，采取载体整体引进、团队集体引进、核心人才带动引进以及兼职、顾问、合作等多种手段，逐步提升高层次金融人才比例，有效支撑金融业特色重点领域发展。通过分层次、多渠道引进高端金融人才，促进优化金融人才结构，力争打造一支门类齐全、梯次衔接、素质优良的金融人才队伍，提高深圳金融人才整体质量。推动成立金融人才认证服务平台，建立金融人才信息库，为金融从业人员提供信息服务。加强金融人才评定，探索与海外高端金融认证与培训机构合作，制定或引进金融人才认证标准体系，通过对不同层次的资格审定，强化金融人才分类与管理。同时，在高层次金融人才团队建设上，应注重本地区相关人才的培育能力，在整合现有教育资源的基础上，充分发挥深圳在金融、科技、教育领域国际合作经验充分、能力全面、机制完善的区位优势，推动国内外高校、机构联合培养新兴金融人才。在新兴金融人才培育过程中，应从金融产业发展的全局角度出发，根据深圳金融市场的发展趋向和现实需求，有针对性地在跨境金融、跨境资金管理、信托基金等新兴金融产品管理等新兴领域重点培养人才，并注重理论与实践相结合，推动培养机制与银行等金融机构的全方位合作，以实习、项目参与等模式鼓励支持人才接触金融实操业务，有效提升深圳发展跨境金融、创新金融的人才储备质量。

三　深港澳合作

全面落实粤港、粤澳合作框架协议，深入实施CEPA有关协议，积极推进粤港澳服务贸易自由化。以前海深港现代服务业合作区、前海蛇口自贸片区等为载体，全面加强与香港在金融和专业服务、科技文化、医疗教育、环境保护、法治等领域的交流合作。创新自贸片区和前海运行管理体制机制，优化前海蛇口自贸片区法治化、国际化、便利化营商环境，率先对接国际高标准投资和贸易规则体系。进一步创新管理体制机制，探索建立企业化管理、市场化运作新模式。进一步放宽外资准入限制，全面实行准入前国民待遇加负面清单管理制度，推进国际贸易单一窗口和通关一体化，深化口岸通关监管模式创新。加快推进前海检察院建设，创新国际仲裁和商事调解等多元化纠纷解决机制，建立国际法律服务体系，建设中国特色社会主义法治示范区。创新行政服务模式，发布前海蛇口自贸片区行政权责清单。完善廉政监管体制机制，打造廉洁示范区。推进前海蛇口自贸城、前海国际金融城、香港现代产业城和蛇口国际枢纽港"三城一港"建设，打造深港澳合作新平台，努力成为中国自贸区建设的新标杆，形成一批在全国可复制、可推广的经验。加强深港创新与科技合作，深化推动建设港深创新及科技园，积极在园区进行高等教育、文化创意及配套设施布局，培育有利于科技创新的国际化营商环境，促进创新生产要素高效流动、合理配置，建设国际科技创新平台。进一步拓展深澳合作前景，完善"深澳创意周"等既有合作机制并创新合作模式，重点推进文化旅游产业交流合作，吸取澳门文旅产业发展经验。

四 增强金融服务功能

结合深圳产业结构调整和布局规划，加大对先进制造业、战略性新兴产业、现代服务业等金融支持力度，构建产融互动共生发展格局。深化科技金融试点，引导开展科技企业贷款产品创新，探索成立科技创新银行为科技企业提供结构化融资服务，鼓励天使投资、创业投资、股权投资加大对不同阶段科技型企业的支持力度，鼓励保险公司创新科技企业保险产品和保险服务。充分发挥金融在促进民生保障中的积极作用，引导金融机构加大对教育、医疗、养老、环保、社会保障、救灾救助、慈善公益、社会福利等重点民生领域的金融支持力度，满足广大人民群众对便捷、高效、个性化金融服务的需求。借鉴欧美金融发达国家经验，引导私募金融规范发展，积极构建与国际接轨的私募金融制度体系，建设成为具有较强辐射引领效应的私募投融资中心。发挥深圳本土优秀私募股权投资机构的引领和带动作用，鼓励为企业并购重组、产业整合提供资金支持，拓展中小企业股权融资渠道。发挥深圳科研、产业、金融创新等综合优势，在全国率先探索建立集绿色金融机构、绿色金融产品、绿色金融市场、绿色金融中介服务组织于一体的绿色金融服务体系，促进低碳生态城市发展。拓展跨境人民币业务，加强与香港合作，推动更多深圳企业参与深港电子支票联合结算业务，扩大深港间跨境资金双向流通。推动更多民间资本进入金融服务市场，优化金融服务市场产业结构和服务的多样性、灵活性，培育中小金融服务企业金融中介、金融外包、投资咨询业务能力。

五　提升对外金融合作水平

鼓励和支持国际金融机构在深圳设立分支机构，大力吸引外资金融机构将功能性乃至全球性总部设在深圳，积极吸引国际性、区域性多边金融组织入驻。支持深圳金融机构与外资金融机构在股权、业务等领域的战略合作，支持驻深外资、合资金融机构扩大业务范围和拓展外部市场。加强深圳与纽约、伦敦、新加坡、东京、巴黎、法兰克福等全球主要国际金融中心的交流合作，探索创新交流合作机制，提升金融业协同发展层级。学习借鉴国际金融中心在环境营造、人才培训、金融监管等领域的先进经验，优化深圳金融业国际化氛围，率先构建具有中国特色、符合国际惯例的金融运行规则和制度体系，提升深圳金融国际化水平。充分发挥深圳地缘、商缘、人缘优势以及在产业金融上的专业特长，提升深圳金融业在"一带一路"中的战略枢纽作用。建立健全支持本土机构"走出去"发展的公共服务平台和政策体系，建立本土金融机构"走出去"的风险分担和救助机制，争取培养出一批立足本土、走向世界的国际性金融机构。引导"走出去"金融机构利用"一带一路"建设优化海外区域布局，提升国际市场竞争力。搭建深圳"一带一路"国际金融交流合作平台，吸纳"一带一路"沿线国家和地区特别是深圳企业重点投资、承包工程及进行项目合作的东南亚、南亚、东欧、非洲地区国家参与国际金融交流，形成"一带一路"倡议框架下的高水平合作机制，对接企业投融资、统一货币结算、交易金融、境外资产管理等"一带一路"金融合作热点话题。

六 完善金融监管体系

构建完备的地方金融监管体系，全面提升识别风险、监测风险、管理风险和处置风险的水平和能力，有效防范区域性、系统性金融风险，建设更加符合金融创新和可持续发展要求的金融运行安全区。加强与金融监管部门工作联动，建立地方金融风险监测、预警系统和新金融清算所，健全风险处置长效机制，定期开展金融风险排查和专项整治。探索金融监管权限下移，减少审批层级，积极争取上级监管部门将部分机构准入、业务创新、产品审查、高管核准等职能授权深圳属地监管部门，实施靠前监管。营造公平、公正的法治环境，加强财政、司法、市场监管、税务、公安、海关及金融部门之间的配合，坚决打击以"金融创新"等名义实施的各类金融犯罪活动，保护金融从业者、消费者和投资者的合法权益。探索建设金融法庭、金融仲裁院等特设机构，提高司法机关处置涉金融案件的能力和水平。加大金融法律法规、政策的宣传和教育力度，增强公众法治观念，提高金融风险防范意识，营造良好的金融法治氛围。充分发挥金融业的风险管理功能，鼓励与风险管理相关的金融机构、产品、服务和市场创新，以满足各类市场主体和多元化投资的风险管理需求。在粤港澳大湾区框架下布局跨境金融监管合作，增进深圳市地方金融监督管理局和银、保、证监会深圳监管局与香港金融管理局、澳门金融管理局等特区政府金融监管机构的信息沟通与合作联动，深化人民币国际化业务监管合作。

第五章 深圳——法治建设的先行者

法治作为治国理政的基本方式，是一项巨大而系统的工程。法治社会是法治国家、法治政府建设的重要基础和基本前提，法治国家、法治政府是法治社会建设的重要保障，法治国家、法治政府、法治社会必须一体建设。一个城市的吸引力、软实力集中体现在良好的法治和文明环境。作为改革开放的排头兵，深圳在法治建设的道路上先行先试，逐渐成为一座具有良好法治化、市场化环境的城市。在40年的法治改革过程中，深圳走出了一条以改革推进法治发展、以法治引领和保障改革发展的成功道路，深圳法治事业取得了历史性的成就，成为中国法治建设成就的缩影，为国家的法治建设顶层设计提供了实践依据，为中国法治发展提供了有效的范本。

第一节 全面依法治市，建设一流法治政府

法治要求权责对等，法治要约束政府权力，同时也合理减轻了政府的责任。深圳作为经济特区和改革开放前沿城市，一直高度重视法治建设。法治政府是法治城市建设的重中之

重，法治政府也成为深圳越来越鲜明的城市特质。

一 统筹规划，建立法治政府指标体系

有一流法治政府，才有一流法治城市。近年来，深圳把"一流法治城市"作为全面深化改革的战略目标，以"法治化"作为突破口，推动一流法治政府的建设。

在全国范围内，深圳率先提出"法治中国示范城市"建设，确立了法治在城市治理和社会管理中的基础作用。2008年，深圳发布了国内第一个法治政府建设的指标体系即《深圳市法治政府建设指标体系（试行）》，在法治视角下对城市管理工作进行量化考核，在全国最早建立法治政府指标体系和考核标准。2009年，深圳市政府以"1号文件"印发了《关于加快法治政府建设的若干意见》，这是深圳建市以来第一个以法治建设为主题的"1号文件"。2015年，修订后的《深圳市法治政府建设指标体系》共10个大项、46个子项、212个细项，指标覆盖政府各个领域各项工作，督察督办、以评促改，推进市区各部门依法行政。深圳明确提出建设"一流法治城市"战略，并部署"三个阶段、23项专项行动"，以分阶段、抓项目的方式，推动深圳法治政府建设。2017年，深圳市政府编制了《法治中国示范城市建设实施纲要（2017—2020年）》，纲要提出在全面总结建设"一流法治城市"经验的基础上，把深圳建设成为"法治中国示范城市"。

法治政府建设是一个非常庞大的体系工程，一直以来深圳各级政府及各个部门都在推动和践行法治政府建设。在全国范围内，深圳率先在法制办设立法治建设领导小组。领导小组在推动法治政府建设方面主要围绕两个方面采取了一系列举措,即督和导,"导"就是指导和指引,主要解决怎么干以及干些什么的问题。深圳根据指标体系的部署,每年开展法治政府建设考评工作。考评工作推动了政府法治具体工作的细化。通过指标体系,明确当年需要完成的工作以及完成工作的程度,使每年法治政府工作明晰化。同时,围绕法治政府考评指标,出台指引性文件。在指引当中进一步把每一项要求加以解读,使得全市各级政府、各个部门知道每一项法治工作从哪个角度入手以及怎么开展。同时,还在"督"上做文章,也就是督促和检查。除了日常促进检查之外,每年年底开展的考评工作也是重要的检查手段。通过检查,发现当年法治政府任务完成情况以及不足和薄弱点在哪。考评结束之后,根据这些不足和薄弱点提出整改要求。通过统筹规划,深圳法治政府建设在有计划、有步骤往前发展,成效明显。深圳在建设法治城市的实践中,逐步摸索形成符合本地实际的经验模式:以权利实现为目标,以规则治理为方式,以科技创新为手段实现法治化治理,大胆探索"深圳模式",推进城市综合治理的现代化。

二 转变职能,提升法治政府治理能力

市场经济的发展关键是让市场在资源配置中起决定性作用。政府的作用是通过法律保障市场主体在市场经济中能够公平、公正地开展活动。深圳市政府通过法律法规的制定厘清政府与市场的边界,升级政务能力,减少对市场的干预,充分发挥市场利益机制激励作用,塑造稳定公平透明、可预期的市场体制机制。

1997年,深圳在全国范围内率先进行政府审批制度改革,

推进政府转变职能、企业转变机制，减少审批事项426项，减幅高达57.8%。1999年，深圳市政府制定了《深圳市政府规范性文件备案管理规定》，加强规范性文件的管理。2000年，又制定了《深圳市行政机关规范性文件管理规定》，确立了规范性文件"统一要求、统一审查、统一发布"的管理制度，实行前置审查制度，这也是全国第一个对市政府部门规范性文件设立前置审查制度的文件。之后，又陆续出台了规范性文件审查的配套文件，建立起规范性文件"六统一"（统一要求、统一审查、统一编号、统一期限、统一发布、统一查询平台）制度，为"红头文件"套上了法治的笼头，推进了依法行政。在行政复议制度的改革方面，1994年，深圳发布《深圳市人民政府行政复议工作规则》，该规则首次通过政府规章形式确认了行政复议相关制度。2005年制定了《深圳市人民政府行政复议办公室行政复议文书撰写、制作规范》，该规范是全国第一个全面规范行政复议文书的成文规范。2012年，深圳市人民政府行政复议委员会成立。

2014年，深圳市政府在中国率先制定了《深圳市商事主体行政审批权责清单》（以下简称《权责清单》）及审批事项的后续监管办法。《权责清单》囊括了所有与商事主体行政审批相关的事项，涉及25个行政审批部门共129项审批事项，其中12项属于商事主体登记的前置审批，117项属于商事主体登记的后置审批。《权责清单》明确了各审批事项的审批部门、监管责任部门、审批依据等，统一了审批权力与监管责任。《权责清单》率先理顺政府行政审批与监管职责，有效地解决了困扰多年的部门之间相互推诿、监管错位，有审批、无监管或者有审批、监管十分薄弱这样的难题，确立了职权统一的政府治理监管的新机制。

三 创新模式，提升法治政府服务能力

在建设一流法治政府的过程中，深圳结合自身的具体情况，与时俱进，创新了一系列法治治理新模式，提升了政府行政服务能力。

深圳是国内较早成立政府法律顾问室的城市。1988年，深圳市人民政府法律顾问室成立。2003年深圳发布了《深圳市人民政府法律顾问工作规则》。法律顾问室的成立创立了以法治机构为主体，吸收社会律师、专家，共同参与政府法律事务的工作机制。2006年，国务院法制办将深圳市政府法律顾问制度经验在全国推广。深圳各区司法行政机关、街道司法所根据本辖区特色，积极整合该区政府法律顾问、企业法律顾问、社区法律顾问等资源，筹备推进组建法律顾问团。目前，深圳市、区、街道三级实现了政府法律顾问全覆盖，230多个法律援助站点和2300多个人民调解委员会打造便民法律服务圈。2018年，深圳共计681个社区全面完成与专职律师的社区法律顾问签约工作，实现"一社区一法律顾问"工作全覆盖。截至2018年6月底，深圳社区法律顾问共向市民提供服务数量27954件，其中提供法律咨询20883次，法治宣传2129次，出具法律意见书659份，参与人民调解1595件，参与法律援助77件，其他服务2611件。[①] 法律顾问室的成立，是深圳摸索创业的一套较为完善的政府法律顾问制度体系。

---

① 《深圳681个社区有了专职法律顾问 实现"一社区一法律顾问"工作全覆盖》，《深圳晚报》2018年7月6日。

深圳司法局于 2015 年年底推出了深圳"法治地图"。市民只要打开"深圳司法"微信公众号，点击"法治地图"，在定位基础上，市民所在区域内的法律服务机构马上浮现于地图上，点击其中一个图标，法律服务机构的地址、电话信息即刻显现。这包括律师事务所 551 家、法律援助处 11 个、司法鉴定机构 31 家、司法考试处 9 处、公证机构 8 家，实现了全市 643 个社区法律顾问点的导航以及 645 个社区法律顾问的检索，以及全市司法行政机关 91 个，其他政法机关 220 个地址导航和检索。[①] 在线上，市民足不出户就能享受到法律服务。在线下，建立区、街道、社区三级公共法律服务实体平台，提供包括律师、公证、司法鉴定、法律援助等所有司法行政法律服务的"一站式"服务，打造"半小时"服务圈。

四 前海先试，建设中国特色社会主义法治示范区

2012 年 12 月 7 日，习近平总书记在视察前海时表示，前海可以在建设有中国特色的社会主义法治示范区方面积极探索，先行先试。为此，深圳设立了全国首家中国特色社会主义法治建设示范区——前海示范区，这是国家批复的唯一一个中国特色社会主义法治建设示范区。示范区的设立让深圳实现从建设"一流法治城市"到建设"法治中国示范城市"的跨越，也让深圳在法治创新方面走在全国前列，建设的"示范效应"辐射全省全国，为营造深圳国际化、市场化、法治化营商环境奠定了法治基础。

在实践中，随着示范区的设立，前海示范区法治建设创

---

① 《深圳勇毅笃行　建设"法治中国示范市"》，《深圳特区报》2017 年 8 月 29 日。

下了多项全国第一，为深圳的改革开放和创新发展提供了强有力的法治引领和保障。

1. 建立了全国首个自贸区法治指数——"前海法治指数评估指标体系"。出台了全国自贸区首份法治建设专项系统规划——《前海中国特色社会主义法治建设示范区规划纲要》，制定了《深圳经济特区前海深港现代服务业合作区条例》《深圳市前海深港现代服务业合作区管理局暂行办法》《深圳市前海湾保税港区管理暂行办法》等系列基础性立法，使前海这一"特区中的特区"的先行先试有法可依。

2. 构建了以法定机构为主导的"政府职能＋前海法定机构＋蛇口企业机构＋咨委会社会机构"的法治化市场化区域治理格局。实行"权力清单"和"责任清单"制度，构建权责清晰、程序严密、运行公开、监督有效的法定机构权力运行机制。同时借鉴香港廉政公署经验成立了前海廉政监督局，在全国首创纪检、监察、检察、公安、审计五种监督力量和工作职能"一体化监督"模式，建立公开透明的监督机制。

3. 设立前海法庭，积极推动港籍陪审员和探索任期制法官制度的实施。前海借鉴香港法治建设经验，把商事法律与国际通行商业规则对接。在全国首创"港籍调解"与"港籍陪审"制度，有针对性地设立金融、物流、保险、证券、期货、知识产权等不同类型的审判团队，打造专业化的审判机制。前海法庭"四位一体"法治创新方案，得到了最高人民法院的肯定，并把前海法庭作为全国法院综合改革的示范点。[①] 最高人民法院第一巡回法庭、第一国际商事法庭也落户前海，司法

---

① 《打造中国特色社会主义法治示范区》，《深圳特区报》2014年11月26日。

终审权在前海落地。依托深圳知识产权法庭、深圳金融法庭，形成了全市知识产权案件和金融案件二审统一在前海集中管辖审理的机制，为前海的科技创新、金融创新提供了司法保障。

4. 为了优化营商环境，前海大力发展涉外公共法律服务，搭建公共法律服务平台，建立多元化纠纷解决机制。设立了自贸区内全国首个公证处——前海公证处，率先开拓商业保理等创新公证业务；成立"一带一路"法律服务联合会，建设"一带一路"法治地图，为中国企业走出去提供强大法律咨询服务；建立中国港澳台和外国法律查明机制"一中心两基地"，填补国内国家级域外法律查明机制空白。前海成立全国首家粤港澳联营律师事务所，率先开展粤港澳联营律师事务所改革试点，全国11家粤港澳合伙型联营律师事务所有7家落户前海。成立了中国（深圳）知识产权保护中心、深圳市知识产权保护中心，打造知识产权公共服务枢纽，为政府、企业、中介机构和技术组织提供知识产权保护服务；成立了华南地区特有的两家知识产权司法鉴定机构，为前海知识产权保护工作提供有力支撑。成立全国第一家按法定机构模式治理的仲裁机构——深圳国际仲裁院，并被纳入国家首批"一站式"国际商事纠纷多元化解决机制，使前海成为全国唯一同时拥有"具有终审权的国际商事法院"和"一裁终局效力的国际商事仲裁机构"的自贸区。前海创新跨境商事争议解决机制，推广专业调解、商事仲裁、行业自律、行政监管"四位一体"解决纠纷前海模式，着力构建国际商事纠纷解决高地。

作为中国唯一的社会主义法治建设示范区，未来前海将是国际化程度最高的法治示范区，前海将充分利用特区立法权,继续大胆探索法治创新实践,构建一整套能够以实现粤港澳大湾区法治"规则对接"的示范区法规体系,促进湾区经济社会改革有法可依,营商环境得以持续优化,为前海深化改革开放保驾护航,勇当全面依法治国的排头兵。

五　融合创新,打造国际仲裁的"深圳标杆"

深圳是全国贯彻实施《中华人民共和国仲裁法》(下简称《仲裁法》)的七个试点城市之一。1983年4月19日,经国务院批准,深圳市政府正式设立特区仲裁机构——华南国际经济贸易仲裁委员会,曾名"中国国际经济贸易仲裁委员会深圳分会""中国国际经济贸易仲裁委员会华南分会",这是中国各省市设立的第一家仲裁机构,开启了中国仲裁国际化现代化的征程。1995年,深圳市人民政府依据《仲裁法》和国务院有关规定,批准组建了深圳仲裁委员会。该机构立足于市场经济的需要,创新发展,丰富了特区商事争议解决体系,在国内同行业中发挥了引领作用。2012年,深圳专门制定了《深圳国际仲裁院管理规定(试行)》,这是中国乃至世界上第一个针对仲裁机构进行的专门立法。对仲裁机构进行法定机构改革,建立了以国际化、专业化、社会化的法人治理机制,从制度上强化了特区仲裁的独立性和公正性。2017年12月25日,为适应新时期"一带一路"、粤港澳大湾区和"创新引领型全球城市"的需要,深圳把华南国际经济贸易仲裁委员会(深圳国际仲裁院)与深圳仲裁委员会合并为深圳国际仲裁院,这次常设仲裁机构的合并是中国史上第一次仲裁机构合并,在国外也是没有先例的,为国际商事争议解决提供了"中国方案""深圳实践"。

1. 仲裁规则国际化。深圳国际仲裁院坚持走国际化的道路，实现仲裁治理机制国际化，引领全球国际仲裁机构治理体系变革，输出中国规则。主要表现在：一是在中国内地率先通过特别程序指引的形式，将国际通用规则《联合国国际贸易法委员会仲裁规则》实现了本土化。二是以默认仲裁地为香港的连接点设计，实施"联合香港、共同走向世界"的仲裁国际化策略。三是在中国率先将投资仲裁列入受理范围，为中国"走出去"企业在海外投资争议发生后，提供解决投资保护争议的新选择。

2. 仲裁平台国际化。深圳国际仲裁院致力于仲裁员结构的国际化，联合香港，覆盖全球。作为中国最早聘请境外仲裁员的仲裁机构，目前深圳国际仲裁院共有870名仲裁员，覆盖50个国家和地区，其中境外仲裁员有353名，占比40.6%。实践证明，港澳仲裁员在该院解决了大量涉及港澳的商事纠纷，为港澳的繁荣与稳定做出了积极贡献。

3. 业务结构多元化。深圳国际仲裁院的四大法定职能包括仲裁、调解、谈判促进和专家评审。这既是市场化和专业化的要求，也符合国际商事争议解决的多元化发展趋势。深圳国际仲裁院借鉴国际经验，通过逐年探索，创设多元化争议解决模式。通过独立调解与独立仲裁有机结合，创设了"商会调解+SCIA仲裁""展会调解+SCIA仲裁""香港调解+深圳仲裁""四位一体"等多种模式，不仅经受了实践的检验，也在亚洲调解大会上得到了各国法律人士的普遍认可。深圳国际仲裁院坚持"国际化视野+本土化行动"，在谈判促进业务方面的开拓同样取得了令人瞩目的成果。深圳国际仲裁院以"谈判促进+仲裁"的方式，在最短时间内化解各种国际商事纠纷。同时也积极以谈判促进方式服务深圳棚户区改造、城市更新等中心工作。

实践证明,深圳仲裁机制的改革创新发展道路走的是以推行仲裁法律制度为根本,融入市场经济为关键的创新之路。自1986年12月中国加入《纽约公约》以来,深圳国际仲裁院开创了中国内地仲裁裁决在境外法院获得强制执行的先例,实现了仲裁裁决执行国际化,从此中国仲裁裁决走出国门,打造国际仲裁的"深圳标杆"。

第二节 立法先行先试,为改革攻坚提供引领保障

立法先行是深圳改革创新的重要路径。这种改革的路径就是,根据深圳的实际量身定做适宜的法律规范,一旦决定进行改革,随即启动立法,将改革与立法融为一体、同步推进。将改革融入立法之中,立法贯穿改革始终。在立法过程中,深圳立足本地实际,以新的思维、新的理念进行顶层设计,使这些创新性法律制度成为一种改革方案。立法形成的过程也正是改革措施不断完善和成熟的过程。这是创新性和试验性立法的客观基础,也是深圳经济特区发展的根本所在。

一 先行先试,以立法引领改革发展

立法必须与时俱进,适应形势的发展变化,适应改革开放、经济发展和社会进步的需要。1980年8月26日第五届全

国人民代表大会常务委员会第十五次会议批准施行《广东省经济特区条例》，标志着中国第一部经济特区法律的诞生。1981年第五届全国人大常委会第二十一次会议通过了关于授权广东省、福建省人大及其常委会制定所属经济特区的各项单行经济法规的决议。根据授权，广东省人民代表大会及其常务委员会在有关的法律、法令、政策规定的原则下，按照经济特区的具体情况和实际需要制定各项单行经济法规。1989年七届全国人大二次会议审议了国务院提请授权深圳市人大及其常委会和深圳市政府分别制定深圳经济特区法规和深圳经济特区规章的议案。1992年，根据《第七届全国人民代表大会第二次会议关于国务院提请审议授权深圳市制定深圳经济特区法规和规章的议案的决定》，第七届全国人民代表大会常务委员会第二十六次会议审议了国务院关于提请授权深圳市人民代表大会及其常务委员会和深圳市人民政府分别制定深圳经济特区法规和深圳经济特区规章的议案，决定授权深圳市人民代表大会及其常务委员会根据具体情况和实际需要，遵循宪法的规定以及法律和行政法规的基本原则，制定法规，在深圳经济特区实施，并报全国人民代表大会常务委员会、国务院和广东省人民代表大会常务委员会备案；授权深圳市制定法规。

深圳几乎所有重要的改革都与特区立法相伴，二者有机融合、相辅相成。同时拥有特区立法权和设区的市立法权，是深圳法治建设的最大优势之一。深圳作为法治中国建设发展的改革试验前沿，特区立法权的行使近40个年头。随着当代中国社会发生的深刻变化，特区立法权的运行也随之发生了变化。深圳立法的显著特点主要体现在立法过程中坚持立法先行、立法借鉴、立法更新。深圳市人大及其常委会制定的法规和深圳市政府制定的规章中，很多是在国家尚无专门立法的情况下，根据特区发展的实际状况进行的先行立法。深圳在立法过程中大胆借鉴发达国家和地区立法的成功经验，适当超前立法，率先予以规范，为改革的中期和远期目标服务。40年来，深圳充分发挥立法"试验田"作用，创造了诸多立法"第一"，第一部针对公司方面的立法，第一部物业管理立法，第一部企业欠薪保障立法，第一部政府采购立法，第一部无偿献血立法，第一部义工法规，第一部改革创新立法，第一部碳交易立法……截至2017年6月，深圳市人大及其常委会共制定法规220项，现行有效法规162项。市政府发布规章292项，现行有效规章157项。这些立法解放了生产力，创造了大量的制度红利，为特区改革开放和经济社会发展发挥了引领推动作用，为深圳探索建立社会主义市场经济体制奠定了坚实的法律基础、为国家立法和地方立法提供了经验和借鉴。

二　与时俱进，以立法保障市场经济建设

为了建立和完善市场经济体制，在没有国家层面法律可遵循的情况下，深圳先后制定了50多部一系列配合市场经济建设的法规，营造了良好的市场经济环境。具体包括规范市场主体、市场产品与服务质量、市场行为规则、要素市场等方面的条例，如股份有限公司条例、商事条例、企业破产条例、行业协会条例、房地产市场条例等。这些立法不仅为特区经济发展提供了法律保障，也实现了特区从单纯的经济试验功能向经济、法治双重试验功能的转化。

深圳在借鉴中国香港地区和新加坡立法成果的基础上，

在公司立法方面制定一系列公司法律规范，探索建立现代企业制度。特区成立后，凭借国家政策的大力扶持以及毗邻港澳的地理优势，深圳的股份制企业已有了长足发展，各种公司也如雨后春笋般遍布特区大地。邓小平南方谈话后，股份制企业在全国得以普遍发展。当时国家体改委等部门于1992年5月发布了《股份制企业试点办法》《股份有限公司规范意见》和《有限责任公司规范意见》等规范性文件。参照这些规范性文件，深圳经济特区率先制定了关于公司制度的地方性法规。1993年4月，深圳经济特区制定了《深圳经济特区股份有限公司条例》《深圳经济特区有限责任公司条例》《〈深圳经济特区有限责任公司条例〉实施细则》。这些条例和规章不仅有利于规范特区的有限责任公司和股份有限公司的组织和行为，保护股东和债权人的合法权益，也为《公司法》的制定起到了探索作用。1994年4月，深圳制定了《深圳经济特区股份合作公司条例》，开创了全国该类立法之先河，为集体所有制企业的公司化改造提供了规范依据。随着1994年7月《公司法》的施行，为了规范国有独资有限公司的组织和行为，深圳经济特区于1999年5月颁布了《国有独资有限公司条例》。深圳又于1999年6月颁布了《商事条例》，第一次以立法的形式明确规定了商人的概念及营业转让等制度。2003年，为鼓励和规范创业投资活动，结合深圳经济特区实际，制定了《深圳经济特区创业投资条例》。上述公司条例从根本上解决转换政府职能，使政府不再直接插手企业的经营管理，只承担为企业提供社会服务、实行宏观调控和综合职能管理创造了条件，大大促进了特区私营经济的发展。

法治也为深圳高新技术产业发展提供了法律保障。深圳平均每三年左右就会出台一部促进科技创新的法规，如《深圳经济特区高新技术产业园区条例》《深圳市海外创新中心认定与评价办法》《深圳市科学技术奖励办法实施细则》等。这些法规有的是问题导向，可解决企业或市场实际困境，有的是填补科技创新在操作层面上的法律空白，还有的则是配合深圳城市创新发展战略。此外，在知识产权保护方面，深圳率先设立知识产权综合性法律法规。2008年，深圳在全国第一个制定《深圳经济特区加强知识产权保护工作若干规定》。2017年，深圳市政府出台了知识产权保护"36条"。2018年，深圳市通过了《深圳经济特区知识产权保护条例》，推动实施最严格的知识产权保护制度和快速维权机制。深圳作为首个国家创新型城市和国家首批知识产权示范城市，2018年，成立了中国（深圳）知识产权保护中心、中国（南方）知识产权运营中心。在创新性法治的保障环境下，深圳打造一流营商环境，培育出华为、中兴、腾讯、比亚迪、大疆等一批具有国际竞争力的创新型企业，成为全国创新发展的一面旗帜。

三　科学民主，以立法服务民生

科学立法是法治建设的最前端。应科学立法、民主立法，让立法更接地气更近民意。深圳市政府在立法中注意开门立法，倾听社会各界、公众的意见，其立法协商、立法联系点、微信听证、立法后评估等均具特色。

在立法的过程中，公开法规草案并向社会公开征求立法意见，成为立法必经的一道程序。如《深圳经济特区居住证条例（草案）》在向社会公开征求意见时，就收到5000多条立法建议。此外，深圳市还建立基层立法联系点工作制度，进一步拓宽社会各方有序参与政府立法的途径和方式，增强立法的针对性、操作性。深圳市委市政府相继出台《深圳市人民政府重大行政决策程序规定》《深圳市人民政府重大行政决策合法性审查办法》《深圳市人民政府重大决策公示暂行办法》《深圳市重大事项社会稳定风险评估办法》《深圳市重大行政决策专家咨询论证暂行办法》等系列规范，明确为公众参与政府重大行政决策提供制度依据。

在立法机制的探索和完善上，深圳探索建立"人大主导、多方参与"的特区立法新机制，充分发挥人大及其常委会在立法工作中的主导作用，创新完善立法规划和计划制定机制，健全立法建议公开征集制度，健全立法建议论证制度，建立健全委托论证制度，健全立法规划和计划编制、执行制度。创新完善法规起草机制，健全法规草案集中起草制度，完善政府起草法规草案制度。创新完善法规议案审议机制，完善法规审议工作标准，创新审议方式，健全法规审议公开制度。创新完善法规实施和监督机制，健全法规实施监督检查制度，建立立法跟踪评估制度，健全法规普及宣传制度。创新完善民主立法机制，健全人民政协立法协商制度，健全公众有序参与立法制度。在制度设计上，深圳立法将"人大主导"与"多方参与"相结合，通过一系列立法制度的建立健全，在法规立项、起草、审议等各环节征求民意、集中民智、吸收民策，不断提高立法质量。

此外，深圳通过自媒体、新媒体搭建广纳民意的公共信用信息管理通道，倾听更多的民众对立法建言献策的声音。

2016年，深圳举行了全国首例微信立法听证会。利用网络技术，实现"互联网+听证会"的立法工作形式创新，除举行传统现场听证会外，同时利用市法制办微信平台举行了微信听证会。听证的内容是《深圳市公共信用信息管理办法（征求意见稿）》。把立法听证会开到微信上，让现场和微信互动起来，正符合深圳开门立法的初衷。首例微信立法听证会诞生在深圳，体现了深圳作为创新立法的典范，在立法层面牢固地确立创新驱动发展战略，营造了整个城市的创新文化，也为科技体制机制改革赋予了法律效力。

第三节　推进司法改革，实现社会公正与效益

改革开放以来，深圳司法改革高度契合中央改革精神，始终紧扣特区发展的脉搏，回应深圳法治建设的需求，为全国司法体制改革提供了深圳样本，为改革开放和特区经济起步发展提供了有力的司法保障，实现了社会发展的公正与效益。

一　法院司法改革的突破

1. 审判专业化

1979—2000年深圳法院开展以审判专业化为重点的司法改革，在全国率先形成了分工明确、配置全面、管理科学的地方法院机构设置模式和流程管理模式。深圳中院于1987年成立了全国法院第一个经济纠纷调解中心，1988年成立全国

第一个专门审理涉外、涉港澳台经济纠纷案件的经济审判第二庭，1989年成立全国第一个专门审理房地产案件的房地产审判庭，1993年成立全国第一个破产案件审判庭（经济审判第三庭），1994年率先设立知识产权审判庭，2005年成立全国第一个专门审理劳动争议案件的民事审判第六庭，2017年成立深圳知识产权法庭和深圳金融法庭。目前，深圳中院已形成了9个民事审判庭（法庭）的大民事审判格局，成为全国审判专业化分工最为精细的法院。深圳最早推行"立、审、执"分立改革。1991年12月，深圳中院成立全国法院第一个专门的立案机构——立案处，率先实行"立、审、执"分立改革。强化庭审功能，推行"直接开庭""一步到庭"。深圳率先探索审判组织独立行使审判职权制度改革，明确合议庭与审判委员会、合议庭与审判庭、合议庭内部之间的三组关系，逐步强化合议庭和独任法官的审判主体地位。

2. 办案标准化

2001—2011年深圳法院率先围绕审判执行工作和管理机制规范化推行了一系列改革举措：一是率先探索规范自由裁量权改革。2006年开始探索推行"标准化办案工程"，通过制订办案指导意见（裁判指引）等方式，形成了比较系统的标准化办案裁判指引体系。二是率先探索刑事证据制度和量刑规范化改革。2008年，深圳中院被最高人民法院指定为"人民法院刑事、民事、行政诉讼统一证据规定"试点，最早试行刑事证据开示制度。2009年，深圳法院率先在全国出台《量刑指导意见》《量刑程序规范化实施意见》，为全国法院刑事证据和量刑规范化改革提供了制度借鉴，并成为全国量刑规范化改革首批试点单位。三是最早建立"集约分工式"执行模式和执行联动威慑机制。立足"基本解决执行难",在全国最早创建集约分工式执行工作模式,在全国率先推出"财产申报""举报奖励""敦促令"等新方式;利用"媒体曝光""限制高消费""限制出境"等措施提升执行威慑力。2007年3月,深圳市人大常委会通过的《关于加强人民法院民事执行工作若干问题的决定》,在全国首次以地方立法形式对构建执行联动机制、威慑机制做出具体规定。四是最早探索法院人员分类管理和法官职业化改革。2003年,深圳中院被最高法院确定为全国法院唯一的法官职业化建设综合改革试点单位,形成了《全市法院法官职业化改革方案(草案)》。

3. 法官职业化

党的十八大之前,深圳法院已先行探索法官职业化、审判权运行机制等方面的改革。深圳法院最早构建法院人员分类管理体制、法官单独职务序列和单独薪酬体系。2014年1月21日,深圳市委常委会审议通过了《深圳市法院工作人员分类管理和法官职业化改革方案》。2014年7月,深圳法院在全国最早建立法官员额制度,形成法院工作人员分类管理的制度框架,实行法官单独职务序列管理,与法官等级挂钩的薪级工资制度率先落地实施。2012年年初,福田法院正式启动审判长负责制改革试点,在全国首创审判团队工作模式,探索去行政化的审判权力运行机制。2013年10月,深圳两级法院在全国首批开展审判权运行机制改革试点,全面取消裁判文书审批制度,率先建立主审法官和合议庭办案机制,实行扁平化的审判管理模式。2014年12月,出台《办案责任追究办法》,将司法责任制与审判权运行机制一体推进。2016

年9月18日,深圳两级法院同步发布了《落实司法责任制工作指引》,率先对最高人民法院《关于完善人民法院司法责任制的若干意见》和省高院实施意见进行细化,为法官办案和法院各层级管理监督提供明确、可操作性的工作指引。

4. 精准破解执行难

近年来,深圳法院不断完善执行工作机制、创新执行工作方式。党的十八届四中全会提出探索审判权与执行权分离改革,身在特区先行地的深圳市法院开始率先探索,将科技手段全程融入破解"执行难"的核心问题中,实现信息化平台与整合社会资源的对接,强力维护司法权威和法律尊严。

(1)"鹰眼查控网"。2010年深圳法院着手建设"鹰眼查控网"。利用鹰眼查控网等信息网络,在理念、组织架构、平台和流程四方面进行综合创新改革。"鹰眼查控网"先后与银行、证券、车管、国土等部门建立网络协作查控机制,全面实现对被执行人财产的"五查"(银行存款、房地产、车辆、工商股权、证券),让被执行人及财产无处遁形。截至2017年,"鹰眼查控网"共处理两级法院财产查询任务903394项,财产控制任务115081项,完成人员查询任务12990项,人员控制任务654项,对被执行人采取边控措施646人。

(2)"极光集约平台"。面对执行"案多人少"的困境,深圳法院在2010年开发"极光集约平台",通过电子化处理平台,优化整合司法资源,实现司法事务集约化管理。2017年,深圳法院又对原有的"极光集约平台"进行升级改造,按"市内辖区负责制""市外分片轮值"的原则,根据实施任务的区域、类型、时限等要求,将来自各个案件的执行事务进行集中归类,统筹实施,建立起同质化事项集约统管办理机制。

（3）"速控平台"。2017年5月，深圳法院开发速控平台，打造"漏斗式纵向分流"的执行流程体系，分流简化执行流程。执行案件立案时全部交由快执团队，通过速控平台一键发送先行"五查"，进行首次分流，再根据财产变现周期长短和难易程度，进行二次分流。速控平台依托最高法院"总对总"系统和"鹰眼查控网"进行过滤后，15%的案件通过在线查冻扣直接办结，一键点击即可自动生成多份执行所需的法律文书，并对接邮局司法专邮送达，实现了执行流程的集约化办理。

深圳法院通过综合运用"一网两台"三大科技平台，形成强大合力破解执行难。深圳法院执行工作实现了全网络办理、全流程公开、全方位智能，极大地提升了工作效率，维护了司法权威和公信力。在深圳法院"一网两台"的综合发力下，司法执行的威慑力和公信力显著提升。主动履行生效裁判的被执行人大大增多，当事人的合法权益得到最大程度的实现。同时，网上操作、全程留痕在最大程度上保证了案件执行的公正透明，基本杜绝了消极执行和拖延执行，挤压了人情案、关系案的操作空间。2018年1月，深圳法院将鹰眼查控网和执行速控平台、极光集约平台实现深度融合和优化升级，正式上线鹰眼执行综合应用平台，成为"一网两平台"的综合升级版。新增了案件办理及事务集约两大功能。平台上线后，显著提高了执行案件的办案效率，减轻了执行法官的工作强度，缩短了当事人的权益实现周期。鹰眼执行综合应用平台是深圳建设智慧法院的产物，是打赢"基本解决执行难"这场硬仗的有力保障，在深化司法体制综合配套改革、提升执行质效方面发挥了重大作用。在这期间,"松晖实业(深圳)有限公司执行转破产清算案"于2018年10月24日被最高人民法院评选为"人民法院解决'执行难'工作典型案例"。

为了避免法院在工作评估中既当"运动员"又做"裁判员",深圳法院邀请中国社会科学院法学研究所、深圳市律师协会组成联合调研组,对执行工作进行为期一年的第三方评估。这是全国首次由法院邀请第三方对执行工作进行评估。此次评估也成为中国法院工作中的标志性事件。2016年1月,中国社会科学院发布的全国首份法院执行第三方评估报告显示,困扰多年的"执行难"在深圳率先得到基本解决。

5. 智慧法院

近年来,深圳法院积极回应信息化社会的司法需求,以人民法院信息化3.0版建设为目标,出台《深圳智慧法院建设规划》,充分运用互联网思维和科技新成果,加快智慧法院建设,先后推出电子卷宗系统、"巨鲸智平台"、"法智云端"、"鹰眼执行综合平台"等。深圳的智慧法院包括"深融多元化平台""法库电子卷宗平台"和"鹰眼执行综合平台"三大平台。"深融多元化平台"将机制创新与智慧科技相结合,实现了调解立案、在线调解、司法确认、类案推送、在线评议、转诉讼立案六大功能,在全国率先实现诉前调解案件全流程信息化管理。自2017年11月1日"深融多元化平台"正式上线以来,深圳两级法院一共导入各类调解案件35540宗,处理了21000余宗,成功调解4211宗,调解率近20%,有效地发挥了多元化纠纷解决机制的优势,合理配置了司法资源,节省当事人诉讼成本,提升当事人诉讼服务体验，为构建共建共治共享的社会治理格局贡献力量。① "法库电子卷宗平台"则是使全部扫描材料在案件办理过程中能够自动生成电子档案，并自动归入相应的目录，从而在全国率先实现了一次扫描、自动排序、智能归档，同时通过深度应用，以信息抓取、自动回填、文书辅写、电子送达、节点监管等功能实现全程智能办案和精准审判管理。"鹰眼执行综合平台"是深圳中院在全国首创的网络查控、事务集约、速控管理"一网两台"进行深度融合和优化的工作平台，实现了批量网络查控财产、全要素生成程序性文书、一键识别繁案简案、自动推送节点通知、智能管理外勤事务、一键送达法律文书等功能，为执行整体工作实现全网络办理、全流程公开、全方位智能提供重要支撑，在基本解决执行难工作中发挥并将继续发挥巨大作用。②

二 检察机构的改革

改革开放 40 多年来，深圳检察机关充分履行法律监督职责，促进严格执法、公正司法，遵循检察权运行规律，稳妥做好先行先试与顶层设计的有序衔接，积极推进司法改革和工作机制创新。

1. 统筹推进，创新检察工作新理念

深圳市人民检察院根据检察业务需要，不断调整内设机构，先后成立监所检察处、经济罪案举报中心、刑事技术检察处、民事行政检察处、反贪污贿赂局、职务犯罪预防处、

---

① 《数字中国：太极三大平台助力深圳"智慧法院"》，搜狐网，2019 年 2 月 20 日，http://www.sohu.com/a/229888065_100109344。
② 《深圳法院鹰眼执行综合应用平台》，法安网，2019 年 2 月 20 日，http://www.faanw.com/zhihuifayuan/340.html。

侦查监督处、公诉处、反渎职侵权局、举报信息处、检察公共关系处等职能部门。2015年1月，深圳市检察机关实行检察人员分类管理和检察官职业化改革，撤销侦查监督一处、侦查监督二处、公诉一处、公诉二处、侦查指挥中心办公室、侦查一处、侦查二处、侦查三处、反渎职侵权局、职务犯罪预防处、控告申诉检察处、民事行政检察处、监所检察处、法律政策研究室、举报信息处等15个检察业务处室，增设公诉事务处、侦查事务处、诉讼监督事务处等3个处，继续保留"反贪污贿赂局"牌子。2016年4月，恢复反贪污贿赂局、法律政策研究室为司法行政机构，并将反贪污贿赂、反渎职侵权、职务犯罪预防、举报信息等职能整合，构建"大反贪"格局，内设7个处室［侦查指挥中心办公室，侦查一、二、三处，反渎职侵权局，职务犯罪处，举报信息处（举报中心），相应撤销侦查事务处］。2018年1月，深圳组建市监察委员会，市检察院撤销反贪污贿赂局［含内设7个处室：侦查指挥中心办公室，侦查一处、二处、三处，举报信息处（举报中心），反渎职侵权局，职务犯罪预防处］。

  深圳检察机关遵循检察工作规律，统筹推进检察工作机制创新，创造出了一批在全国有影响力的"深圳经验"。1988年3月深圳在全国检察机关成立首个经济罪案举报中心。2012年，最高检决定"以深圳检察机关案件管理软件为基础，开发全国检察机关统一业务应用软件"。深圳的案件管理改革为全国检察机关案件管理工作做出了示范性贡献。为不断强化侦查监督能力，2011年深圳检察机关建立批准逮捕案件质量分析系统（后更名为侦查活动监督平台），在全国率先探索出一条开展侦查监督工作的新路径。目前，最高检已决定推广此项经验,并在全国 9 个省份开展试点工作。

2. 品牌定位,打造专业型自贸区检察院

2016 年 4 月 27 日,作为全国首个自贸区检察院——深圳前海蛇口自贸区人民检察院(简称"前海检察院")正式挂牌成立。前海检察院成立以来,在司法责任制、检察官员额制、健全司法办案组织等改革中大胆探索,形成了具有前海特色、适应自贸区经济社会发展的法律监督工作机制。

作为全国首个专门设立的自贸区检察院,前海检察院肩负探索新体制新机制的重要使命,以及探索跨行政区划管辖相关案件、推进刑事诉讼制度改革、完善以责任制为主体的检察权运行机制改革、开展国际司法交流合作等改革创新任务。建院以来,通过建章立制,制定了《深圳前海蛇口自贸区人民检察院检察检委会议事规则》《深圳前海蛇口自贸区人民检察院案件管理工作办法》《深圳前海蛇口自贸区人民检察院落实司法责任制和健全配套改革实施办法》等有关文件章程,完善各项政务、检务管理制度,明确检委会的职能和定位,完善检察官联席会议机制,构建以检察官联席会议为载体的检察官自律体系,从而进一步完善检察权运行机制,提升专业化管理水平。

前海检察院紧密结合前海自贸区经济社会发展需要和基层检察院实际,选定"专业型自贸区检察院"这一品牌定位,积极开展跨行政区划案件管辖调研,探索案件管辖专业化的新路径。

(1)探索推动知识产权一审刑事案件的统一办理。2017 年以来,该院提出了采取"统一业务、分片办理、属地起诉、分段推进"的模式,探索推动知识产权一审刑事案件的统一办理、专案专办、术业专攻，探索实现刑事检察业务集约化、专业化运转。2018年，结合深圳经济发展态势及检察工作重点，进一步提出了将基层院管辖的金融刑事案件与知识产权刑事案件纳入前海检察院统一办理的构想，形成了"以服务自贸区建设为引领，办理两类案件为双轮驱动"的自贸检察新机制。

（2）建立符合前海特点的公益诉讼及行政执法监督"1+n"模式。前海检察院与前海管理局、绿源协会、区内行政执法机关、纪检监察机关等分别签署合作备忘录的方式，明确各方在公益诉讼及行政执法检察监督中职责，探索建立自贸区人民检察院对重大公益事件的组织调查机制、检察建议公开宣告机制、违法行政行为监督纠正制度，以及信息共享和业务协作等机制，从制度层面构建具有前海特色的公益诉讼及行政执法监督新模式。

（3）开展专业化法律监督和法律服务。前海检察院坚持"检察官作为公共利益的代表"的工作理念，肩负起法律监督的重要责任，强化行政执法监督，推进公益诉讼探索，保障人民利益，维护宪法法律权威，开展专业化法律监督和法律服务。前海检察院立足检察工作实际，强化与企业合作，探索为"一带一路"有关企业提供法律服务的新路径。前海检察院以青年梦工场为依托，设立检察联络室，建立"线上线下"服务平台，通过定期驻点咨询、开通24小时服务热线、组织学习培训、开展专题讲座等形式，为深港企业、前海创业者和创业团队提供多样化法律服务，逐步形成护航深港经济发展和深港创业青年健康成长的"前检模式"。

（4）积极开展公益诉讼探索。前海检察院以生态环境和资源保护领域为重点，探索检察机关提起公益诉讼制度，打造"保护生态环境、促进绿色发展"法律监督工作的主战场。

前海检察院始终把打造"专业型自贸区检察院"建设品牌作为一项重点工作，实现优化检察机关业务部门设置，走专业化道路。同时积极开展跨行政区划案件管辖调研，以知识产权、金融刑事案件统一管辖为突破口，探索案件管辖专业化新路径。

第六章　深圳——社会治理的标杆

改革开放40余年，深圳是中国崛起的精彩缩影。作为经济特区，深圳的经济社会快速发展，伴随而来的是社会结构复杂多元，社会矛盾易发多发，社会治理形势复杂。近年来，深圳坚持以习近平新时代中国特色社会主义思想和党的十九大精神统领社会治理工作，探索推动符合城市特点的社会治理现代化之路，在营造共建共治共享民生发展格局上走在全国前列。

第一节　转变政府管理方式，着力打造公共服务型政府

一　突出顶层设计，系统性地提出社会治理理念和思路

改革开放给中国各个方面带来了深刻变化。从社会治理的角度看，改革开放前后，中国在社会治理方面发生的最深刻变化在于社会治理的界面发生了根本性转移。社会治理的终端和主要界面，从计划统一管理模式下的"单位"，转变成了人们生活的"社区"。① 顺应这一时代背景和结构性变化，

---

① 参见房宁、唐奕《治理南山：深圳经验的南山样本》，中国社会科学出版社2018年版，自序第3页。

深圳市委市政府多年来先后制定了一系列政策，探索创新社会治理方式。在全国率先提出要把"社会建设摆在与经济建设同等重要的地位来谋划"，于2011年出台《关于加强社会建设的决定》，提出"两步走"的社会建设目标，即到2015年初步建成民生幸福城市，到2020年社会建设走在全国前列。2012年初，出台《深圳经济特区社会建设促进条例》，率先以立法的形式明确社会建设工作的指导思想、基本原则和重点工作；提出"社会建设是人的建设"的理念，确定"惠民生、保民安、稳民心、聚民智、借民力、修明德"的社会建设"十八字方针"，进一步凝聚了共识。为推动工作统筹协调，成立了深圳市社会工作委员会专门负责社会治理。2016年8月，市社工委与市委政法委合署办公，全面深化社会体制机制改革，推动社会治理体系和治理能力现代化。同时，坚持政策支持，从人大立法、政府规章和政策文件制定等方面入手，构建社会治理法治保障体系，有力推进社会治理各项重点工作。

进入新时代以来，深圳坚持以习近平新时代中国特色社会主义思想统领社会治理工作，努力营造共建共治共享的社会治理新格局。党的十八大提出，要建立起"党委领导、政府负责、社会协同、公众参与、法治保障"的社会治理体制，改变党和政府在基层治理中唱独角戏的现象，推进服务型政府建设。党的十八届三中全会提出"完善和发展中国特色社会主义制度，推进国家治理体系和治理能力现代化"的总目标，党的十九大提出要提高社会治理"社会化、法治化、智能化、专业化"水平的要求。习近平总书记在参加十三届全国人大一次会议广东代表团审议时，对广东提出了"四个走在全国前列"的要求，营造共建共治共享社会治理格局是其中之一。要求广东形成有效的社会治理、形成良好的社会秩序；要创新社会治理体制，把资源、服务、管理放到基层，把基层治理同基层党建结合起来，拓展外来人口参与社会治理的途径和方式，加快形成社会治理人人参与、人人尽责的良好局面。2019年8月18日出台的《中共中央 国务院关于支持深圳建设中国特色社会主义先行示范区的意见》提出，深圳的五大战略定位之一是"民生幸福标杆"，要着力构建优质均衡的公共服务体系，建成全覆盖可持续的社会保障体系，实现幼有善育、学有优教、劳有厚得、病有良医、老有颐养、住有宜居、弱有所扶。

二 服务型政府政务改革的时代背景与内在诉求

习近平总书记在党的十九大报告中指出，中国特色社会主义进入新时代，我国社会主要矛盾已经转化为人民日益增长的美好生活需要和不平衡不充分的发展之间的矛盾。随着经济的迅速发展，社会结构深刻变化，社会变革加大了社会治理难度，对社会治理体系建设和各级政府的治理能力提出新问题、新挑战。简言之，如何使社会制度、管理模式迅速适应社会发展的新形态，且如何为促进经济社会全面发展，为人民追求和享有美好生活提供公共资源和服务保障？深圳面对特大型城市快速发展所不可避免的社会利益多元化和社会矛盾复杂化趋势，原有的以政府为主导的"单核心"城市管理模式越来越无法全面兼顾新形势的要求，迫切要求进一步改变治理模式、提高治理能力。

一是应对城市发展问题复杂化的挑战。伴随着城市化快速发展，城市交通、生产、消防、治安和食药安全等城市安全压力不断增加，仅靠政府单方面的力量和行政手段越来越难以应对。二是满足主体利益诉求多元化的要求。近年来，深圳城市人口规模不断膨胀，户籍、非户籍人口的新二元结构相互交织，不同群体和阶层之间的利益诉求日益分化，在社区文化、生活方式等方面提出更高要求。三是实现市民参与城市治理的意愿。越来越多的市民期望能够自发、自愿、常态化地参与到城市管理中。四是顺应生产生活方式日益智能化的趋势。随着网络化、信息化的快速发展，政府与社会的信息沟通和信息交流越来越便捷，迫切需要提高网络虚拟社会的管理水平。城市化率100%与新的社会阶层的形成，带来社会观念的深刻变革和多元利益诉求。

三 坚持以人民为中心，营造良好的城市发展环境，增进民生福祉，共享发展和治理成果

党的十九大报告指出："增进民生福祉是发展的根本目的……保证全体人民在共建共享发展中有更多获得感，不断促进人的全面发展、全体人民共同富裕，确保国家长治久安、人民安居乐业。"以人为本、注重民生的发展理念，指示当代政府要将积极保障和改善民生作为职责和使命。

1. 着力保障和改善民生。深圳始终把人民对美好生活的向往作为奋斗目标，以广大市民群众的获得感为旨归，让改革开放成果更好惠及市民群众。市财政逐年加大在九大民生领域的投入，2014年以来，4年间累计支出4000亿元，用于民生领域的财政支出占总支出的比重约七成，民生投入水平在全国副省级城市中处于领先水平。实施的重大民生工程，

涵盖食药安全、环境治理、基础教育、高水平医疗、保障性住房、养老、社区公园等。

完善社会保障体系。市民月最低工资标准、最低生活保障标准均居全国领先水平。在医疗卫生方面，软硬件建设水平稳步提升，构建优质医疗服务体系和医疗保险制度，扩大优质医疗卫生资源供给。扩大医保覆盖面，做到病有所医，应保尽保。从"以医院为中心"转向"以基层为重点"，建立和完善社区健康服务中心，把社区健康服务中心包括社会力量承办的社区健康服务中心，统统纳入医疗集团体系，从而形成居民10分钟就医圈，有效缓解大医院就医难题。在教育方面，稳步推进教育体制改革，义务教育阶段的学位稳步增加，提高学前教育办学标准；同时，扩大中小学教育规模，促进教育均等化，高质量普及高中阶段教育。大力发展高等教育，充分给予高等学校办学自主权，加快创建一流大学和一流学科；为配合新兴产业的发展，打造现代职业教育体系。在养老方面，健全多层次养老保险制度体系，提供高水平养老服务。正在全面放开养老服务市场，引导和鼓励社会力量、市场主体积极参与养老服务供给。力争实现每个街道至少建设一家集短期托养、日间照料、居家养老、医养结合等功能的综合性养老服务机构，让深圳这座平均年龄仅30多岁的年轻城市做到"有备而老"。

数据显示，深圳居民的可支配收入，从1985年的1915元增加到2017年的5.29万元，32年间增长26.6倍，年均增长10.9%；[①] 教育和医疗机构分别从改革开放初期的341家和62

[①] 倪鹏飞、马尔科·卡米亚：《深圳故事：经济、社会与环境的极速转型》，联合国人居署研究报告，2019年。

家增至2440家和3419家。① 市民群众日益增长的美好生活需要于细微处得到了满足。

2. 推进公共服务体系逐步完善，逐步实现常住人口基本公共服务均等化。城市化是现代化的重要标志和必由之路，新型城市化的核心是人口市民化。1978年年底，深圳的城市化率仅为18.79%；② 2004年，深圳成为全国第一个城市化率100%的城市，在短短30年间，实现了从传统农业社会到现代化大都市的跨越式发展。随着居民身份的转换，深圳的社会治理也进入了新的历史时期。过去，由于户籍制度的制约，生活在同一个城市中的居民，很难享受到同等的公共服务。近年来，随着经济社会的发展，保障社会公正，让非户籍人口与户籍人口享受改革发展的红利，实施惠及更多人口、更加公正的社会福利制度，推进基本公共服务均等化成为政府的重要工作目标。深圳逐步落实全口径人口在民生方面享有"市民待遇"，分阶段建立覆盖全体市民的社会保险制度，逐步消除户籍职工和非户籍职工养老待遇和医疗保险的差距；以固定住所和劳动社保为基础，解决非户籍居民子女入学问题，通过积分入学政策弱化户籍在基础教育上的影响。推进基本公共服务均等化，进一步增强了外来人口对深圳的认同感和归属感。

四 以智慧城市建设为导向，提升社会治理的智能化专业化水平

"勇于创新，追求卓越"是深圳的城市气质。随着高科技

---

① 中共广东省委宣传部、深圳市委宣传部联合课题组：《用好改革开放关键一招 把深圳经济特区办得更好办出水平》，《深圳特区报》2018年12月12日。
② 深圳市社会科学院、深圳市光明新区管委会：《新型城市化的深圳实践》，中国社会科学出版社2016年版，第101页。

的飞速发展，深圳敏锐把握"互联网+"和大数据时代背景，以数据集中共享为基础、业务协同为核心，以"统一采集、统一受理、统一分拨"为业务主线开展"织网工程"，在全国率先建成城市级社会治理大数据库。探索社会治理体系和治理能力现代化的实践创新，探索推动基于大数据的决策分析应用，推动政府部门从"粗放式管理"到"精细化管理"、从"凭经验决策"到"科学决策"的转变。深圳先后被授予全国唯一的信息共享示范市和首个信息惠民试点城市。

1. 科技引领，数据先行，以信息化推动社会综治的精细化智能化。创新是引领发展的第一动力，也是推进社会治理现代化的必然要求。深圳注重科技创新，促进大数据、移动互联、云计算和人工智能等现代科学技术与社会治理深度融合，主要举措包括以下方面：一是建设社会治理大数据中心。已联通33家市直部门业务数据，累计导入各类数据达150亿条。建立大数据分析平台，服务公共政策制定、领导决策、民生应用。完善政府数据开放平台，在气象、医疗卫生、企业登记监管、信用、电子证照、工业商贸等领域实现公共数据资源向社会开放，加强政企、产学研合作。率先建立覆盖全社会的征信平台，加强信用信息的交换与共享。二是建立完善"三级联动"的智慧城市运行管理机制。整合公安、应急、三防、交通、维稳、综治等部门相关资源，强化数据联动，实现宏观决策分析、重特大事件指挥调度、突发事件应急处置跨部门联动、一体化运作。三是构建以块数据为基础的服务管理平台支撑体系。建立数据治理应用平台，促进跨层级、跨地域、跨系统、跨部门、跨业务的数据之间的协同，实现跨部门联动。如福田区运用大数据打造"城区大脑"智慧城市指挥中心，创建预警监测、综合治理、决策支持、公共服务、基础技术五大平台以及102个运用系统，全面推进政府决策科学化、社会治理精细化、公共服务高效化。

2. 从行政"升级"到服务，全面打造15分钟公共服务圈。实行"一门式、一窗式、一网式"政务服务模式，推动信息惠民。以南山区为代表的政务服务改革，首创了一些做法并在深圳乃至全国推广运用，如微信预约和办理、静音无纸化叫号、VIP专员服务、政务服务生态修复机制、政务服务公众评议团等。先后获得第三届中国"互联网+政务"50强优秀实践案例、中国智慧城市创新实践单位、第五届《南方都市报》街坊口碑榜"十大民生实事金奖"。

南山区位于深圳湾超级总部基地、后海金融商务总部基地与高新技术园区交汇的黄金位置，企业云集。为构建服务型政府，南山区推出转型升级系列举措，建设了全新的行政服务大厅，将一流的政务服务直接送到企业"家门口"，全面落实"放管服"改革任务，努力打造一流营商环境，助推企业创新发展。改革升级后成效显著，服务效能稳步提升，群众满意度持续提高。

2016年年初，南山区被确定为深圳推进"互联网+政务服务"改革试点区。南山区按照"让政务服务跟着企业跑，到企业中间、在人才身边"的理念，率先将政务大厅搬出政府机关，在深圳创新资源最为聚集的区域选址建设，把最好的服务送到企业和人才的家门口。采取开放式、市场化的方式，委托企业运营管理，把专业的事交给专业的人来做，围绕"互联网+"的程度最高、网上办事的能力最强这一目标，打造了一个专门为企业法人服务的实体大厅。把所有面向自然人的公共服务事项下放到8个街道和101个社区，打造了"15分钟公共服务圈"，方便群众在家门口就近办理事项，优化流程，优化体验。目前，南山行政服务大厅已有20多个市、区直部门进驻，可办理事项600余项，全部实现网上办理。"5个100%"（即100%一号办、一窗办、一网办、一次办、阳光办）办事模式成为政务服务的"南山标准"。

第二节 扶持门类齐全的社会组织有序发展，逐步建立"小政府大社会"的社会治理新格局

一 吸纳新社会阶层参与社会治理，承担社会责任，为社会大众做表率

随着经济活力被有效激发出来，深圳也成为中国新社会阶层发育最早、最成熟的城市之一。新社会阶层，包括民营企业家、个体工商户、自由创业者、归国留学人员、社会组织从业者，以及受雇于外资企业的管理人员和技术骨干等。在推动深圳的经济社会转型、推进社会建设方面，新阶层做出了巨大贡献。从主体性来讲，随着经济地位的提升，新社会阶层不可避免地萌发政治参与的意愿，并往往通过各种途径、方式去反映诉求，影响政府决策，希望为所在社区及企业营造更加良好的发展环境。各级政府也乐于吸纳新阶层中的优秀分子参政议政，发挥他们引领社会的作用。[1]

---

[1] 参见房宁、唐奕《治理南山：深圳经验的南山样本》，中国社会科学出版社2018年版，第43—44页。

每个社会阶层都有多种相互联系的群体,有的以协会、商会等社会组织的形式联系,有的则以共同关心的利益或事件联系,以维护共同利益为目标,新社会阶层也不例外。在深圳,有不少新社会阶层或基于共同的兴趣爱好而组成不同的团体或群体,如义工协会、自行车协会、登山协会、跑团、驴友协会等,以此作为纽带进行交流互动,或选择在相应的社区聚集居住。他们既是社会治理的新主体,也是新对象,自身素质高,民主意识强,更善于用法律的、科技的手段表达诉求,具有很强的社会自治能力。他们往往利用自己人大代表、政协委员等身份,主动对政府决策提供意见和建议,也会积极参与到重大公共服务政策和项目实施情况的评议中去。

二 引导社会组织有序发展,激发社会活力

社会组织的蓬勃发展是深圳的一大特色。深圳的社会组织主要有三种形式,分别是传统的各机关企事业单位、人民团体;以地域为基础的居住社区和以网络社交为主要手段形成的虚拟社区;基于共同利益、共同爱好和共同目标而有意识地组合起来的社会群体。[①] 这三种形式的社会组织长期并存发展,尤其是后两种,成为具有无限包容性、开放性的人文共同体,可以使不同社会阶层、不同群体之间再行组合,例如通过深圳本土开发的腾讯QQ、微信等网络社交平台构建的新型社会关系——网络社群。伴随着经济社会的不断发展和现代科技的兴起,深圳的各类社会组织逐步走向成熟。

现代社会中,社会组织在社会治理中发挥着越来越大的

[①] 参见房宁、唐奕《治理南山:深圳经验的南山样本》,中国社会科学出版社2018年版,第45页。

作用，是不可或缺的重要力量。历史上，在党的十六届三中全会之前，"社会组织"并未出现在官方文件里，一般用"民间组织"来指称社会团体、民办非企业单位和基金会。2006年10月，党的十六届六中全会通过《中共中央关于构建社会主义和谐社会若干重大问题的决定》，"社会组织"作为正式的官方概念出现，其主要功能包括提供公共产品和服务、创造就业机会、构建社会资本、促进社会创新、影响公共政策。

党的十七大报告指出，要"发挥社会组织在扩大群众参与、反映群众诉求方面的积极作用，增强社会自治功能"；党的十八大报告中继续要求"加快形成政社分开、权责分明、依法自治的现代社会组织体制"；党的十九大报告要求，在社区建设中，要"更加发挥社会组织的作用，实现政府治理和社会调节、居民自治良性互动"。

近年来，深圳在基层治理中，高度重视发挥各类型社会组织的作用，同时，还大力培育社会组织，引导社会组织良性发展，为社会组织发展创造空间，改革创新社会力量参与社会治理的模式，完善政府和社会组织沟通协调机制。有效激发社会组织的活力，通过平等对话、沟通协商等方式积极参与社会治理，起到缓解社会矛盾、增强社会弹性、促进社会融合的作用，特别是在心理健康、法律援助、关爱社会群体等领域，发挥不可替代的作用。

三　加强社会组织的培育和人才建设，扶持社会组织积极参与社会自治

1. 对社会组织建立和发展予以政策支持。从"十一五"到"十三五"期间，深圳通过建立健全政策制度、转移政府

职能，加快建设服务型政府，让社会组织承接部分政府职能，完善了向社会组织购买服务的机制，政府角色由"划桨者"逐渐转为"掌舵人"，逐步建立起"小政府大社会"的新格局。支持性举措包括降低社区社会组织登记门槛、简化登记程序、放宽公益慈善类等8类社会组织的准入条件、允许跨区域组建、优化年审流程、提供孵化培育平台、加大政府投入、给予税收优惠和金融支持等。在社会有需求、政府有支持的情况下，深圳各类社会组织蓬勃发展，门类齐全，覆盖面广，已经涵盖工商服务业、科学研究、文化教育、公共卫生、生态环境，以及社会管理和服务各个领域。截至目前，深圳全市共有社会组织1.3万多家，年均增长超过20%，每万人拥有社会组织数量约10个，深圳成为全国社会组织数量最多的城市之一，也是人均拥有社会组织最多的城市之一。

2. 重视培养社工人才队伍。完善"政府推动、民间运作"为主要特征的现代社工工作体系，在全国率先建立起比较完整的社会工作制度体系。深圳的社工机构从业人员较之以往的行政式社区管理人员，具有专业化程度更高、学习能力更强、人员更年轻、思想更活跃、视野更广阔的特点，在从事社区服务工作时质量更高，更受社区居民欢迎。目前，深圳专业社工近8000人，其中一线社工约6000人，工作成绩卓著，"深圳社会工作民间化专业化"项目成功入围第六届中国地方政府创新奖。同时，发展壮大社会工作志愿者规模，出台《关于进一步加强"志愿者之城"建设的意见》，推动志愿服务社区化，在全市建成150多个社区U站、100家青春家园社区服务"专柜"、500多个志愿服务固定点，全市注册志愿者超过110万人，使得丰富的志愿服务成为深圳的一张"城市名片"。

四 搭建社区综合服务平台和社区多元互动平台,向专业社会组织购买服务

深圳市政府通过创建社区综合服务平台,引入专业社会组织参与政府购买服务,加强和完善社区服务体系。《深圳市民间组织发展"十一五"规划》明确了向社会事务类社区民间组织购买服务的原则思路。政府购买服务内容包括面向社会公众的服务和政府履职所需的专业性辅助性服务两类。政府购买社会组织的服务主要有三种模式:政府转移和委托、政府采购、政府资助。2014年,市政府出台《关于政府购买服务的实施意见》,明确了政府向社会组织购买的服务项目多达240多项。2018年,出台《关于引导和鼓励物业服务企业积极参与基层社会治理的指导意见》,探索建立政府购买服务、市场有偿服务、居民自我服务、志愿公益服务相结合的物业服务企业参与基层社会治理体系,引导和鼓励物业服务企业积极参与基层社会治理。

向专业的社会组织购买服务,意味着在社会治理中引入了市场竞争机制,治理主体从政府这一单一主体,转变成了以竞争为基础的多元主体。这种新型的社区治理模式本质上是一种市场化改革,是政府主导和市场机制的双重作用的体现。

第三节 创新基层治理模式,实现多元主体合作共治

一 基层治理模式转型的时代背景

改革开放40余年,深圳的基层治理经历了从全能主义的

管控思维到政府主导下的多元参与的转变，经历了从政府单一主体主导的行政模式，到政府、社会、自治组织多元主体参与的伙伴关系，再到党建引领下的"多元整合"阶段的转变。

从深圳建市到20世纪末，是全能主义时代的"社区管控"阶段，在此阶段初期，居委会主要承担基层行政职能。民政部于1986年首提"社区服务"概念，1993年颁布《关于加快发展社区服务业的意见》；深圳出台精神文明建设大纲（1986年），开启创建文明社区活动，拓展了社区建设的深度和广度。从21世纪初到2004年，是社会管理时期的"强居管理"阶段，在这一时期，带有一定管控性质、社区自治较弱的管理模式已不适应时代发展，"治理"的理念开始引入社区管理中，解决了社区治理主体从"政府一元"到"社会多元"的过渡。从2005年到2013年，是社会治理时期的"多元复合治理"阶段，城市化的快速推进和外来人口的过量增长，使得社会矛盾加大，社区成员异质化程度高，社区精细化管理要求越来越高。特别是一些新型社区的兴起，对社区治理提出新要求，倒逼社区完善服务功能，提高基层工作者素质，在基层治理中引入高科技管理手段，实现多元共治。

2013年至今，是社会治理时期的"党建引领下多元整合"阶段。2013年11月，党的十八届三中全会正式提出"创新社会治理体制"，标志着社区建设进入"社区治理"新阶段。深圳告别社会治理的政府"独角戏"，积极构建社区协商，政府向社会购买服务，委托行业协会、社工组织进行管理服务，由此，社会治理从末端转向源头。在"小政府大社会"的治理理念之下，除涉及法定行政主体必须由政府职能部门承担外，其他管理和服务事项均可由社会力量承担，特别是那些政府管不了、管不好的事项，由更专业的社会主体承接。

二 "一核多元"：多元共治的基层治理创举

"一核多元"的社区治理模式首创于深圳市南山区。"一核"即"一个领导核心"，"多元"即"多元主体共治"，"一核多元"的社区治理模式，就是以社区党委为领导核心，实行多元主体共治，居民委员会、社区工作站、社区党群服务中心、各类社区组织、物业管理公司、驻区单位等多元主体有效互动、共同参与社区治理的新格局。其中，居委会负责社区自治事务，社区工作站承接政府行政管理事务，社区党群服务中心承担社区公共服务，各类社会组织、物业管理公司、驻区单位等多元主体共同参与日常治理事务。创建"一核多元"社区治理模式，核心理念是通过社区党组织发挥领导核心作用，将社区的各种利益主体和社会组织纳入管理和服务范围，整合资源，在引领基层民主、推进社区自治、维护群众权益和关心民计民生等方面推动和谐社区建设。[1] 实践证明，这种基层社会治理模式在促进社会发展、维护社会和谐稳定方面发挥了巨大的作用，其成功经验逐步在深圳全市得到了广泛的推广。

1. 加强社区党组织的核心地位，统筹基层治理工作。深圳在各社区普遍成立了社区综合党委，强力推动党建标准化，制定印发《关于推进社区党建标准化建设意见》等文件，成

---

[1] 房宁、唐奕：《治理南山：深圳经验的南山样本》，中国社会科学出版社2018年版，第133页。

立由市委书记担任组长的基层治理领导小组负责统筹推进。全市74个街道配备专职党务工作者300多名及负责党建的社区专职工作者700多名。建设服务型党组织，形成"1+10+N"的党群服务中心联盟，已建成1039个党群服务中心，广泛开展党员服务群众活动。社区党委核心地位的巩固，为基层破解难题打下了坚实基础。

2. 推进多元协同，实现各主体间良性互动。基本形成行政与自治相分离的多元治理结构。社区工作站承接从居委会剥离出的行政管理和公共服务事务，是政府设置在社区的政务服务平台，协助政府及其派出机构在社区开展工作。社区居委会是自治组织，自从有了社区工作站后，居委会工作重心转移到社区自治，不再承担行政事务。社区党群服务中心整合社区各类服务资源，为社区居民提供各类服务。其他各类组织如股份公司、小区业主委员会、物业管理公司、驻区单位等，发挥各自在资源、人才、技术方面的优势，共同参与社区事务。

建立社会力量参与治理机制。一是建立购买社会组织服务常态化机制。大力推进政府职能事项转移，重点推动行业规范制定、行业准入审查、企业资质认定、人员执业资格评定等领域审批职能转移给社会组织承担；并鼓励各区设立社会组织专项扶持资金，支持和引导社会组织承接公共服务。二是探索社区治理新路径，探索建立社区基金会，作为社区基层自治组织的有益补充，鼓励引导企业自发承担社区服务责任。三是创新社会资本参与社会事业的投融资机制，吸引社会力量和民间资本参与基本公共服务设施建设和运营管理。

三 "民生微实事":用项目实施的方式高效解决广大市民身边急事难事

深圳在社区建设中坚持需求导向、问题导向,在全国首创"民生微实事"概念,以满足群众多元化、个性化诉求为目标,从广大市民身边事入手,改变传统的"自上而下"模式,由社区居民提出需求,通过项目实施,快速高效解决群众普遍关注的急事难事,极大提升了社区居民参与热情,取得了系列综合效应。出台《全面推广实施民生微实事指导意见》《深圳市社区居民议事会工作规程》,组建社区居民议事会,积极推进社区自治。近三年,全市累计投入财政资金30多亿元,由市级财政和区级财政按照1∶1的比例,每年为每个社区投入最高200万元经费。居民在社区建设中的参与权、表达权、监督权得到充分保障。

在"民生微实事"的具体实践中,社区党委围绕民生热点问题,搭建社区居民议事平台和服务平台,邀请"两代表一委员"和社区居民提需求,全程参与提议、监督和评价,把脉社区问题,制定民生项目清单,最大程度听取民意、满足民需,由社区党委促进各项服务落地落实。"民生微实事"以加强基础设施、环境保护和基本公共服务等薄弱环节为切入点,一方面加大实施工程类项目,改善社区环境,增进民生福祉;另一方面实施服务类项目,丰富了社区居民的生活,满足精神需求。

"民生微实事"项目的实施,有效提升了社区服务品质。以南山街道南园社区为例,2018年以来,已落实民生微实事21件,安装9处单车棚和电单车充电点,整改200多处解决城中村突出的三线凌乱问题,修建休闲娱乐设施,完成社区绿化提升居住环境等,让居民享受到实实在在的实惠。

四 "来了就是深圳人",最具开放包容气质的深圳让外来人口参与共治,共享发展成果

深圳是全世界最大的移民城市,也是流动人口最多、户籍人口与非户籍人口比例倒挂现象最严重的城市。改革开放前,广东省及其宝安县有数以万计的当地居民逃往香港。1978 年宝安县深圳镇人口大约 2.5 万,1979 年撤销宝安县设立深圳市以来,大规模的移民潮为深圳的超速发展提供了劳动力条件。40 多年来,千万年轻人才和外地劳动人口向深圳聚集。到 2018 年,深圳常住人口为 1252.83 万人,实际管理人口超过 2000 万人,据统计,这其中有近 1000 万是来深建设者,也是深圳新的户籍或非户籍居民。这些来自全国各地、拥有不同文化背景、有胆量、有闯劲的"深圳人",为深圳注入了多元包容、奋发进取的文化基因,为深圳撒下标新立异、勇于创新的种子。① 深圳注重在民生方面给予移民人口以市民待遇,"来了就是深圳人"这句简单质朴的口号,体现了深圳作为移民型城市的开放包容的气质,极大地唤起了"新深圳人"的归属感和自豪感,让他们以主人翁的姿态,更加积极地投身于城市建设与社会治理的方方面面;深圳的兼容并包,为广大来深建设者提供了广阔的向上流动的机会和空间,从而也令深圳这片热土,成为中国人最向往的城市之一。

1. 让广大外来人口与深圳户籍人口同待遇,共享发展成果。大力推进基本公共服务均等化,努力提高包括非户籍人口在内的全体市民群众的获得感,初步走出一条促进人与人、个人与群体、群体与城市之间融合发展之路。逐步完善社会

---

① 倪鹏飞、马尔科·卡米亚:《深圳故事:经济、社会与环境的极速转型》,联合国人居署研究报告,2019 年。

保障体系，目前，深圳已是全国非户籍参保人数比例最高、保障力度最大的城市。此外，深圳一直在户籍制度和流动人口管理制度改革方面积极探索，努力创造良好的人口流动政策环境。不断深化户籍改革，拓宽入户渠道，全面实施积分入户政策，积极稳妥地吸引外来人口落户，推进了外来人口向市民身份的转变，并且有层次地赋予全市居民社会福利待遇。非户籍人口可以共享深户人口的多项福利，如异地办理身份证件、领取职业培训补贴、儿童健康成长补贴、自主创业补贴等。

2. 鼓励外来人口参与社会共治。各级政府拓展参与渠道和健全参与机制，鼓励引导广大来深建设者在社会治理中志愿投入、有序参与、有效服务。深圳作为巨大的移民城市，流动人口众多，社会阶层复杂，利益诉求多元化，给社会治理带来了很大挑战。深圳高度重视调动来深建设者积极性，激发社会主体活力。推行非深户籍常住居民及党员参加社区"两委"选举，提高在社区居民议事会等社区议事机构的成员比例。健全来深建设者参与基层协商议事制度，增加各级党代会、人大、政协中来深建设者的代表（委员）名额和比例，鼓励非深户籍职工参加基层工会选举及担任基层工会领导职务。同时，为来深建设者搭建学习、交流以及职业发展综合服务平台，提升专业技能，培育现代化观念；通过逐步推进居民基层民主参与制度化，引导他们深度参与社区议事、安全联防、治安联巡、环境提升等社区事务，让外来人口真正融入社区建设管理之中。通过和谐社区建设活动，促进外来人口与城市人口之间的互动与交流，积极推动外来人口对深圳的情感融入和观念的市民化。

第七章　深圳——城市生态文明建设的领跑者

作为中国改革开放的"试验田"和"窗口",深圳高度重视生态环境保护工作,始终把环境保护摆在与经济发展同等重要的位置,始终把生态文明建设作为推动可持续发展的内在要求,在推动经济社会高速发展的同时,积极探索生态文明建设的深圳模式,推动绿色发展,提升环境质量,优化生态格局,健全制度体系,走出了一条环境与经济协调发展的路子。特别是党的十八大以来,在"美丽深圳"战略决策指引下,深圳更加坚定不移走质量引领、创新驱动、转型升级、绿色低碳的发展道路,在生态文明建设领域成果丰硕,积累了大量的宝贵经验,成为全国生态文明建设的重要参与者、贡献者和引领者,为深圳建设社会主义现代化先行区打下了良好的生态基础。

第一节　着力打造绿色经济体系,促进绿色低碳发展

一　以创新和结构转型助推经济转型和环境改善双赢

在全国一线城市中,深圳土地面积是最小的,虽然是经

济、产业、人口大市，但又是空间、资源、环境容量小市，较早承受了环境压力。"绿水青山就是金山银山"，深圳在生态文明建设上大胆探索，鲜明提出"环境是生产力也是竞争力"，坚持"有质量的稳定增长、可持续的全面发展"，将生态优先原则切实体现在经济发展中，确立生态资源有价、环境容量有限、使用环境有偿的产业引导政策，着力构建绿色经济体系，加快建设绿色经济大市、低碳发展强市，使绿色低碳成为深圳新时期最重要的生产力和竞争力，实现了经济转型和环境改善双赢。

深圳持续加大科技研发的投入和支持力度，以科技创新为驱动，不断推动产业升级和结构优化。通过大力提高科技创新在经济增长中所占比重，深圳对原有经济系统进行绿色改造，从环境保护的活动中获取经济效益，使维系生态健康成为新的经济增长点。在产业布局上，深圳大力发展资源节约型、环境友好型产业，将节能环保产业列为战略性新兴产业，推动低碳绿色发展。出台实施生物、互联网、新能源、新材料、文化创意、新一代信息技术、节能环保七大战略性新兴产业规划政策，大力培育海洋、航空航天、生命健康及机器人、可穿戴设备和智能装备等未来产业，加快建设节能环保产业基地和集聚区，形成配套齐全、特色鲜明的绿色产业链和产业集群，以结构优化提高产业的"绿色含量"。通过质量引领、创新驱动、转型升级和绿色低碳发展，深圳初步探索出一条经济社会与生态环境保护协同共进的路径，实现了经济效益和生态效益"双提升"。

由于多年来对绿色发展模式的坚持和经济结构绿色化调整的深入，深圳产业转型绿色效应显著。现代服务业加快发展，金融中心地位不断巩固，总体经济影响力持续扩大，优势传统产业加速向价值链高端提升，梯次型现代产业体系基本形成。2017年，全市人均地区生产总值达18.7万元，位居全国第三；每平方千米GDP产出11.23亿元，为全国首个地均GDP超10亿元的城市；每平方千米产出GDP、财政收入居全国大城市首位；战略性新兴产业占GDP比重提高到40.9%，远超国内大中城市平均水平；第三产业占GDP比重达58.6%，实现经济发展质量和效益"双提升"。万元GDP能耗、水耗分别同比下降4.22%和10.3%；万元GDP能耗、水耗总体强度约为全国的60%和11.1%，绿色发展指数位居广东省首位。化学需氧量、氨氮、二氧化硫、氮氧化物排放方面超额完成国家和广东省下达的减排目标要求；单位GDP二氧化硫、氮氧化物排放量处于全国大中城市最低水平；实现资源消耗强度、污染排放总量"双下降"。

二 以立法引领城市循环低碳发展

循环经济是以资源高效利用和循环利用为核心，以"减量化、再利用、资源化"为原则，以低能耗、低排放、高效率为基本特征，符合可持续发展理念的经济增长模式。深圳着力构建循环经济体系，以尽可能少的资源消耗和环境成本，获得尽可能大的经济效益和社会效益，使经济系统与自然系统在物质循环上实现相互和谐。一是构建四个层面的循环经济体系。在企业层面依法推行清洁生产、资源和能源综合利用，在产业园区层面按照循环经济理念对产业园区进行规划、建设和改造，在社区层面以建设节约型社区为目标广泛开展节能、节水和废弃物分类回收工作，在社会层面将循环经济理念贯穿于经济社会发展的各领域、各环节，形成节约型增长方式和消费模式。二是坚持立法先行，出台《深圳经济特区循环经济促进条例》《深圳经济特区碳排放管理若干规定》等18部法规规章，涵盖城市规划、经济与产业发展、建筑、交通、废弃物、水资源、生态环境、碳排放与碳交易等，形成了一套较为完善的促进低碳发展的法规体系。同时，把发展循环经济作为编制有关规划的重要指导原则，利用价格杠杆促进循环经济发展，加大对循环经济发展的资金支持。三是完善循环经济科技支撑体系。通过加快循环经济技术开发和应用推广、抓紧制定循环经济技术政策、建立循环经济技术咨询服务体系等进一步调整产业结构和优化产业布局，从而完善循环经济产业链条。

2005—2015年，深圳低碳发展模式由"十一五"时期的"优先能源结构调整与循环经济发展模式"向"十二五"的"创新推动供应端与需求端共同减排"转变，该发展模式的变化是与当时国际背景、国家形势相契合的。在"创新推动供给侧与需求侧共同减排模式"的指引下，深圳市在"十二五"中后期逐步形成更加清晰、可行性强的绿色低碳发展路径，开展了全领域的先行实践：以制度为低碳基石，在城市低碳规划与土地集约化利用的顶层设计下，依靠清洁能源作为低碳保障，分别削减产业、交通、建筑三驾马车的能源需求，同时治理环境产生协同效益，重点开展先锋低碳示范试点，灵活运用市场机制、完善市场行为，宣传低碳理念、引导公众参与，营造全民低碳氛围。[①]

---

① 搜狐焦点—深圳站：《深圳引领中国城市低碳转型发展》，https://www.sohu.com/a/190610635_124752。

深圳市在上述模式与路径的指引下,于全国率先开展绿色低碳的探索,并取得了突出成就。"十一五"以来累计关停约288万千瓦小火电机组,"十二五"期间累计淘汰转型低端的落后企业超过1.6万家,成为全球首个实现公交车100%纯电动化的特大城市,清洁电源供电量占全市用电量的比例大幅提升至90.5%,为全国平均水平的2倍,单位工业增加值能耗近10年累计下降近60%,万元GDP碳排放水平处于全国大城市最低水平,人均碳排放强度已低于新加坡和中国台湾的人均碳排放强度。

三 率先制定并推行绿色建筑标准

自21世纪始,深圳把建筑节能与绿色建筑作为城市发展的重要抓手,实现了从点到面跨越式的发展。作为承接国家级绿色低碳试点示范工作最多的城市之一,深圳以先进的理念和政策规范引领绿色建筑发展,在全国率先对所有新建建筑执行绿色建筑标准,提出了全面发展绿色建筑的强制性、指引性和激励性促进措施。2008年,深圳提出打造绿色建筑之都的目标,出台了全国首部建筑节能地方法规《深圳经济特区建筑节能条例》;2009年,出台了全国首部建筑节材地方法规《深圳市建筑废弃物减排与利用条例》;在这两部法规的基础上探索形成了一套行之有效的管理机制和管理模式。率先在国内强制推行保障性住房按绿色建筑标准建设,并在新区试行绿色建筑全过程管理制度。截至2018年,深圳先后出台了38部相关配套规范性文件和20部地方标准,为全市建设领域绿色低碳发展构建起坚实的政策保障。2016年,深圳发布了新的"五年",即2016—2020年的建筑领域绿色低碳发展的专项规划，明确提出到2020年市内绿色建筑的面积要超过7000万平方米，装配式建筑要超过1000万平方米①；2019年，深圳市住房建设局编制发布《建设工程建筑废弃物排放限额标准》和《建设工程建筑废弃物减排与综合利用技术标准》，在全国范围内首次提出了建设工程建筑废弃物排放限额指标，明确了建筑废弃物减排与综合利用技术措施，这为深圳新一轮的建筑节能和绿色建筑发展奠定了良好的基础。

截至2019年第一季度，深圳共有1058个项目获得绿色建筑评价标识，总建筑面积超过9544万平方米，其中57个项目获得国家三星级，9个项目获得深圳市铂金级绿色建筑评价标识（最高等级），13个获全国绿色建筑创新奖项目（其中一等奖6个，占全国一等奖总数的18%）。②深圳已成为国内绿色建筑建设规模和密度最大的城市之一，涌现了一大批建设科技创新企业和绿色节能服务领军企业，形成了规模超千亿元的绿色建筑产业集群。③

四 大力支持节能环保产业发展

为实现有质量的稳定增长和可持续的全面发展，深圳大力发展节能环保产业，高度重视环保产业转型升级。深圳出台了《深圳节能环保产业振兴发展规划（2014—2020）》《深圳节能环保产业振兴发展政策》等多项政策，将节能环保产业列为全市第七个战略性新兴产业，并将其打造成为战略性

---

① 张学凡：《深圳绿色建筑与城市可持续发展的实践与探讨》，《住宅与房地产》2019年第2期。
② 李秀瑜：《深圳绿色建筑面积9544万平方米位居全国前列》，http://sz.people.com.cn/n2/2019/0616/c202846-33044923.html。
③ 同上。

新兴支柱产业，形成深圳新的经济增长点。在组织保障方面，由深圳新兴高技术产业发展领导小组全面统筹协调全市节能环保产业发展工作，由深圳新兴高技术产业发展联席会议负责制定规划实施方案、落实项目优惠政策等工作，同时建立、健全各级行政领导负责制和专家咨询制度。在政策保障方面，进一步优化节能环保产业发展政策环境，落实财政奖励和会计制度，建立健全节能环保产业统计指标体系和统计制度；鼓励企业参与行业标准制定，完善节能环保行业标准体系。在人才保障方面，制定有利于集聚人才、发挥人才作用的分配机制和产权制度，大力吸引国内外节能环保高端人才，加快培养节能环保创新领军人才、专业技术人才、高技能人才、创新创业人才等产业紧缺人才，逐步完善节能环保人才的支撑体系。在资金保障方面，加大环保科技创新资金投入力度，设立节能环保产业专项扶持资金，自2014年起，每年统筹安排资金额度5亿元，支持节能环保产业发展。同时，鼓励引导金融机构支持节能环保企业发展，支持信用担保机构对节能环保企业提供贷款担保，鼓励开展知识产权质押贷款，支持节能环保企业利用资本市场融资。在空间保障方面，加快建设节能环保产业基地和集聚区，扩大对节能环保产业的土地供给，适度放宽节能环保企业租、购创新性产业用房的条件，打造行政配套齐全、特色鲜明的绿色产业链和产业集群。

在一系列产业发展规划和创新创业政策引导下，近年来，深圳环保产业得到了迅速发展。截至2017年，深圳从事节能环保产业相关企业超过2000家，规模以上节能环保企业超过490家，产业增加值671.1亿元，增长12.7%；节能环保行业的上市公司超过50家，并拥有一大批具有创新优势、综合实力强的龙头企业,以及增长潜力大的中小企业;节能服务公司超过150家,城市综合节能规模、建筑节能、工业节能等领域设计开发能力在国内处于领先水平。[①] 节能环保产业已成为深圳转型发展的内生动力,为建设生态文明、美丽深圳提供了物质保障和技术支撑。

第二节 强化生态环境整治,构建协同高效的污染治理模式

一 深入推进大气污染治理,史上措施最严、创新最多

多年来,深圳政府坚持优化产业和能源结构、坚决淘汰落后产能、科学制定行业减排路线图、大力治理重点行业污染、大量投入财政资金补贴污染治理,大气环保地方标准最全,治理补贴类型最全面,措施实、力度大。一是优先控制机动车污染,倡导绿色出行和公交优先。全国唯一全市限行黄标车和禁燃高污染燃料,黄标车淘汰补贴标准为全国最高,在全市范围内永久禁行黄标车,累计淘汰黄标车和老旧车41.4万辆。近五年安排新能源车补贴129.7亿元,累计投放新能源汽车12.3万辆,成为全国第一个100%使用新能源公交车的城市。二是进一步控制挥发性有机物(VOC)排放,关停全部无牌无证喷涂生产线。国内最早全面推广水性涂料,在全国率先发布低挥发性有机物含量涂料技术规范,严格执行《低挥发性有机物含量涂料技术规范》等系列特区技术规

[①] 程连红:《深圳计划2020年成为重要的节能环保产业基地和创新中心》,http://www.ce.cn/cysc/newmain/yc/jsxw/201802/23/t20180223_28227532.shtml。

范，汽车制造、自行车制造、家具制造行业全面完成水性漆改造。三是推进电厂和工业锅炉治理，加强对电厂的环境监察和环境监测力度，推进全市锅炉清洁能源改造。清洁能源装机容量占比全国最高，全国唯一全市淘汰全部散煤和普通工业用煤，在全国率先全域禁燃高污染燃料，所有燃重油电厂全部改天然气，年燃煤从1200万吨降到400万吨以内，年高污染重油消耗减少300多万吨。四是推进港口船舶污染治理，推广岸电设施，鼓励靠港船舶使用低硫燃油。国内最早开展PM2.5源解析科研、最早实施远洋船舶污染治理，在全国率先实现远洋船舶泊岸期间转用低硫油，建成全国最多的深水港岸电泊位22个。五是促进区域联防联治，加强与邻近的香港、东莞、惠州合作，共同提升区域环境空气质量。重点推进全市74个街道"一街一站"网格化空气监测体系建设，成为国内首个按照国家标准建设的覆盖所有街道的网格化空气监测体系。2017年的灰霾天数达到近十年最少，"深圳蓝"已成为深圳形象标杆；PM2.5年均浓度28微克/立方米，近十年降幅超过50%，空气优良率94.0%，空气质量连续多年明显优于国内其他大中型城市，为副省级以上城市最优。近年来，深圳大气质量稳居全国前十位，也是GDP前二十城市中的唯一达标城市。

二 超常规治水提质攻坚，工程与投入全面加速

深圳自2015年起开始治水提质攻坚，计划安排816.5亿元，推进1181个项目，在"十三五"期间解决水污染问题。全面建立并落实河长制，市委书记和市长分别担任深圳市正、副总河长，并亲自担任污染最重、治理难度最大的茅洲河和深

圳河河长；开展挂图作战，建立以水质为导向的倒逼工作机制，创新建立以控制断面水质变化为主要评判手段的工作跟踪模式，对全市310条河流的402个断面水质开展"一周一测"，每周向市委市政府主要领导以及各级河长通报水质情况，每两周对各区水环境质量和水质变化幅度进行排名。创新实施"全流域治理、大兵团作战"，探索实施"地方＋大企业"合作治水，设计采购施工一体化（EPC）建设模式和"1＋1＋4"管理模式。超常规推进河流治理攻坚，仅2017年一年就完成治水投资197亿元，为整个"十二五"的1.4倍，新增污水管网2009千米，为整个"十二五"的1.3倍。相比2007年，全市10条主要河流水质改善幅度超过50%；消除排污口2780个，建成区36条45段黑臭水体经治理基本消除黑臭；集中式饮用水源地水质达标率保持在100%；茅洲河、深圳河、观澜河、龙岗河、坪山河5大河流水质均大幅改善；东部近岸海域水质达到国家海水水质第一类标准。2017年12月国考省考断面水质全面达到考核标准，水环境质量总体改善。治水成效得到市民广泛认可，群众满意度超过90%。

三 率先启动土壤环境质量调查

2016年12月，深圳印发了《土壤环境保护和质量提升工作方案》，提出要以保护和改善土壤环境质量为核心，以保障人居环境健康、饮用水安全和农产品质量为出发点，按照"预防为主、保护优先、风险管控、安全利用"的原则，以建设用地、集中式饮用水水源地和农用地土壤为重点，以建立健全土壤环境监管体系为支撑，开展调查，摸清底数，实施分用途、分级、分类管理，强化源头控制，分阶段开展治理与修复，形成"政府主导、企业担责、市场驱动、公众参与"的土壤污染防治新机制，全力推动土壤环境保护和质量提升工作。按照该方案要求，深圳全面开展土壤环境质量调查，实施建设用地分用途管理、集中式饮用水水源地土壤分级管理和农用地土壤分类管理，强化土壤污染源头控制，开展污染治理与修复。着手编制《深圳市城市更新生态修复规划及技术指引》工作，逐步构建深圳市土壤环境质量详查数据库，对全市土壤详查全过程进行跟踪记录，在全国率先启动土壤环境质量调查工作，基本完成全市耕地和集中式饮用水水源地一级与二级保护区土壤环境质量详细调查。在此基础上，深圳进一步建立健全土壤环境信息化管理平台，优化监测点位布设，整合有效资源，充分发挥土壤环境调查结果的作用价值。已完成666个国家农用地土壤污染状况详查点位布设核实，初步形成了土壤环境监测网络。

第三节　优化城市空间布局，打造和谐宜居生态环境

深圳坚持把环境保护放在与经济发展同等重要位置，人居环境质量实现大幅度改善，获联合国环境保护"全球500佳"称号。全市639个社区已有557个社区获得广东省宜居社区称号，创建比例达87%，位居广东省第一，并包揽广东省首批8个五星级宜居社区。

一　率先划定基本生态控制线

在快速城市化过程中，深圳通过优化城市规划布局打造

集约高效的生产空间、宜居适度的生活空间、山清水秀的生态空间。以严格保护资源和环境为前提，实现用地模式由增量扩张为主向存量优化为主的根本性转变。2005年，深圳在国内第一次提出了基本生态控制线的概念，颁布《基本生态控制线管理规定》，明确了深圳城市建设的生态底线，实施铁线管理，控制保护范围近深圳市域总面积的50%，限制城市开发建设。不断优化城市规划布局，形成独具特色的"三轴两带多中心"轴带组团结构，以组团隔离各个片区，限定城市增长边界，减少生态影响和环境压力。之后又在此基础上颁发了《深圳市基本生态控制线优化调整方案（2013）》，对基本生态控制线作出进一步明确，为全省乃至全国开展生态保护红线划定及制度研究工作提供依据。

二　建立多层次城市绿化网络

作为城市基础设施的城市绿化，受到深圳历届市委市政府的高度重视并一直优先发展。深圳始终坚持规划先行，构筑起覆盖全市的点、线、带、面相结合的完善的生态绿地网络系统，同时始终坚持改革创新，构建起"政府主导、社会参与、市场运作"的城市绿化管理体制机制。一是通过全面推进生态风景林建设，实施生态造林，采取结构优化、效益优化和景观优化等手段，打造深圳特色的道路绿化景观和体系。二是通过规划建绿、植树添绿、空中增绿、见缝插绿，拓展三维立体绿化，大幅度提升城市绿量。深圳率先颁布实施了有关屋顶绿化的政府文件《深圳市屋顶美化绿化实施办法》，出台了《屋顶绿化设计规范》，鼓励住宅区和业主积极进行屋顶绿化。三是打造公园之城，以公园建设为打造城市优美环境的重要抓手，深圳大力建设城市公园体系，2006年即开始构建"自然公园—城市公园—社区公园"三级公园建设体系。2017年出台《深圳市国家森林城市建设总体规划》，建立了市场化的公园绿化管养维护体系。全市公园总数达942个，已建成绿道网络2443千米，绿道密度达到1.22千米/平方千米，覆盖密度全省第一，累计使用人数已经近5000万次。森林覆盖率达40.68%，建成区绿化覆盖率45.1%，人均公园绿地面积15.95平方米，处于全国领先地位。国际环保组织自然资源保护协会测评显示，在全国（内地）非常适宜步行城市中，深圳位列第一。

三 率先确立"公交都市"战略

2010年11月，交通运输部与深圳市人民政府签署合作框架协议，共建国家首个"公交都市"示范城市。2012年，《深圳市城市交通白皮书》发布，深圳确立了"公交都市""需求调控"和"品质交通"的策略。9年来，深圳坚持公交优先发展理念，综合运用"交通供给、交通需求、交通引领"三大策略，实施"九大工程"，全面提升公共交通的"规划—建设—运行—管理—服务—应急"的体系能力，现已形成了"轨道交通为骨架、常规公交为网络、出租车为补充、慢行交通为延伸"的多层次公共交通体系，公共交通服务水平显著提升。全市公交站点已实现800米半径内100%覆盖率，公交专用道建设规模达1000千米以上，地铁运营里程284千米，公共交通机动化分担率达到55.2%；公交站点500米覆盖率、轨道衔接、公交开放水平方面全国领先，公共交通出行服务指数达到0.756，全国排名第一。早晚高峰公共交通出行分担率超过60%，被评为"国家公交都市建设示范城市"。另外，全市交通事故万车死亡率逐年下降，2018年万车死亡率降至0.85人/万车，成为国内首个实现道路交通事故年万车死亡率低于1的大中型城市。

四 率先对垃圾分类开展顶层设计

作为国内最早提倡垃圾分类的城市之一，深圳不断强化垃圾分类的顶层设计和机构保障。近年来，深圳坚持社会化和专业化相结合的双轨战略，明确以"源头充分减量，前端分流分类，中段干湿分离，末端综合利用"为战略思路，以建设"三个体系"实现"两个目标"为抓手，走出了一条具有深圳特色的垃圾分类创新之路。在深圳，市民正在把生活垃圾分类融入工作和生活的每个方面，成为思想认同和行为习惯。深圳也力求以法治为基础、政府推动、全民参与、因地制宜的垃圾分类模式，建设资源节约型、环境友好型城市，为中国垃圾分类提供可复制、可推广的深圳经验。[①]

2000年，深圳被国家建设部确定为全国首批8个城市生活垃圾分类收集试点之一。2013年7月1日，深圳市生活垃圾分类管理事务中心挂牌成立，这是全国首个生活垃圾分类管理专职机构。2015年，深圳开始全面推行生活垃圾分类，施行了《深圳市生活垃圾分类和减量管理办法》，国内首个垃圾分类专项规划、3个地方标准和7个规范性文件相继出台，形成了较为完备的规范标准体系；在全国率先建立起生活垃圾大分流处理体系，即从垃圾中分流出大件垃圾、餐厨垃圾、

---

① 方胜、王若琳、陈颖：《深圳突破资源瓶颈保障高质量可持续发展》，http://www.sznews.com/news/content/2019-04/07/content_21604841.htm。

有害垃圾、绿化垃圾、果蔬垃圾、废旧织物、年花年桔、玻金塑纸八大类,实施大分流处理。目前,八大类垃圾分流处理体系已建成并在不断完善,日处理量不断攀升。截至2017年,全市日均分流分类处理生活垃圾达到1985吨。强力完善固体废弃物处置设施,固体废物得到有效处理处置,生活垃圾、工业废物和医疗废物均实现100%就地处理。

第四节 强化体制机制创新,实施环境监督改革项目

一 强有力的推进机制

一是完善资源总量管理和全面节约制度。深圳推进土地节约集约使用制度建设,起草编制土地节约集约利用"1+N"文件,形成耕地与生态用地保护的疏导机制。同时,加快推动土地和水资源节约使用制度建设,加强计划用水和节水"三同时"管理,推广节水器具,推进再生水利用示范项目,开展《节约用水条例》修改。

二是健全资源有偿使用和生态补偿制度。深圳推进资源性产品价格改革,逐步放开对市场竞争环节资源性产品的价格管控,推进工商业用电同价改革,进一步完善水价、气价阶梯价格等政策,研究完善污水处理费政策。同时,继续深化土地管理制度改革,完善农村集体经济组织经营性建设用地入市机制,深化土地二次开发利用研究机制,创新土地整备体制机制和配套政策。另外,不断建立健全生态补偿制度,稳步推进生态补偿试点,先后在大鹏半岛、深圳水库核心区

等一些地区积极开展工作，研究制定了一些生态补偿政策，取得了一定的成效。

三是进一步健全环境治理体系。深圳进一步推行环保审批制度改革，建立宽进严管的环境影响登记表备案制度、规划环评指导下的环评程序简化、部分服务行业的环评审批豁免制度、分类分级的环保"三同时"竣工验收管理制度，推动环境功能区划、推动规划环评，规范环评市场管理。同时，进一步完善污染物排放许可制度，对《深圳经济特区污染物排放许可证管理办法》进行了立法后评估并提出全面修订，旨在全市范围内建立适应新形势的、统一的、覆盖主要污染物的排污许可制度，在点源层面落实总量控制和减排要求。另外，力推环保信息公开制度，建立有奖举报制度，完善环境信用管理制度，扩大信用评定范围，建立黑名单制。

四是全面推进环境风险防控。深圳针对重点饮用水源保护区、涉重金属排放企业、危险废物经营单位和重点产废单位等环保重点监管的行业企业，每年度依时分类开展各专项环境安全隐患排查整治行动。自2013年起，深圳大力推行环境风险评估，制定发布了电镀企业、印制电路板企业、危险化学品经营单位、石油库经营单位四部环境风险评估技术规范，填补了中国上述类别行业风险评估标准空白。创新性地开发面向政府、企业、保险公司、公众四个层面的环境风险管理平台，已有600多家用户注册使用。通过强化资金投入、引入第三方技术服务单位、加强部门间交流合作等手段全面推进环境风险防控工作，通过第三方机构完成全市580余家重点企业环境风险评估并确定环境风险等级。

五是建立资源环境承载力监测预警机制。深圳构建了典型区域资源环境承载力监测预警机制和全市层面的典型区域资源环境承载力预警预案。同时，开展饮用水源生物毒性在线监测和预警技术平台构建研究和在线生物综合毒性监测，研究建立水质安全监测技术和预警体系，保障饮用水安全。

二　高效的市场机制

深圳综合运用行政、经济、法律等手段，建立健全环保信用管理、绿色采购、绿色信贷、绿色保险等市场机制，完善具有特区特色的环境监管模式和长效机制。

一是健全生态环境保护市场体系，全国率先启动碳交易工作。基于产业结构特点，深圳碳交易体系采用碳总量和碳强度双重控制模式，建立了相对完善的市场调节机制，主要包括配额固定价格出售机制和配额回购机制。深圳已经基于现货开发了包括碳质押、碳债券、碳基金、碳配额托管等碳金融产品和服务，帮助企业利用碳资产进行融资，同时为投资者提供多样化的投资渠道，充分发挥碳资产作为金融资产的功能和价值。2013年，深圳作为国家碳交易首个试点城市，在全国率先启动碳交易工作，碳交易市场稳步发展，交易活跃。截至2017年，深圳碳交易市场累计二氧化碳成交量2841.6万吨，总成交额8.76亿元。同时，深圳积极建立排污权交易信息系统和配套政策，推进排污权交易试点和模拟运行。

二是持续推进绿色金融体系构建，环境污染责任险推行力度全国领先。第一，推动绿色信贷，2007年市人居环境委就与银监局签订《企业环保信息提供及信用查询服务协议书》，向深圳银监局提供企业环境违法情况、环保信用等级等信息，纳入企业信用信息征信系统。据深圳银监局统计，辖内银行业累计退出环境违法、黄牌和红牌重点排污企业授信67户，涉及贷款124.59亿元。第二，不断创新绿色保险制度，深圳搭建了"深圳市环境污染责任保险创新产品网上投保平台"，创新保险模式和保险产品；引入保险经纪公司，确定7家保险公司组建"共保体"，统一保险费率。2015年，深圳全面启动环境污染强制责任保险试点，将化工行业、电镀线路板行业、危废经营单位等环境高风险企业全部纳入强制责任保险范围，在保障人身、财产赔偿的基础上将生态环境损害纳入了赔偿范围。2017年全市新保或续保企业277家，保费约750万，保额逾4亿，投保企业数量居全省首位；全市环境污染责任保险投保企业数量累计近千家，占全省承保总量一半以上，位于广东省乃至全国前列。2018年7月，深圳市人居环境委员会印发《深圳市环境污染强制责任保险试点企业名录》，截至7月底全市电镀、石油库、危险化学品等10个行业的1066家企业纳入参保名录。

健全生态环境保护市场体系，在全国率先启动碳交易工作。2013年，深圳市作为国家碳交易首个试点城市，在全国率先启动碳交易工作，碳交易市场稳步发展，交易活跃。截至2017年年底，深圳碳交易市场累计二氧化碳成交量2841.6万吨，总成交额8.76亿元；另外，积极建立排污权交易信息系统和配套政策，推进排污权交易试点和模拟运行。

持续推进绿色金融体系构建，环境污染责任险推行力度全国领先。推动绿色信贷，2007年市人居环境委就与银监局签订《企业环保信息提供及信用查询服务协议书》，向深圳银监局提供企业环境违法情况、环保信用等级等信息，纳入企业信用信息征信系统。据深圳银监局统计,辖区内银行业累计退出环境违法、黄牌和红牌重点排污企业授信67户,涉及贷款124.59亿元。不断创新绿色保险制度,深圳在2009年作为国家试点城市之一,率先试点环责险。2015年,为贯彻中共中央、国务院印发的《生态文明体制改革总体方案》,深圳全面启动环境污染强制责任保险试点,将化工行业、电镀线路板行业、危废经营单位等环境高风险企业全部纳入强制责任保险范围,在保障人身、财产赔偿的基础上将生态环境损害纳入了赔偿范围。2017年全市新保或续保企业277家,保费约750万元,保额逾4亿元,投保企业数量居全省首位;全市环境污染责任保险投保企业数量累计近千家,占全省承保总量一半以上,位于广东省乃至全国前列。2018年7月,深圳市人居环境委员会印发《深圳市环境污染强制责任保险试点企业名录》,截至7月底全市电镀、石油库、危险化学品等10个行业的1066家企业纳入参保名录。

三　强化法治保障

一是最严格的生态环保立法和执法体系稳定运行。深圳充分发挥特区立法权优势,坚持环保领域立法创新,先后制定出台地方性环保法规17项,涉及环境保护、专项污染防治和生态建设等方面,初步形成了适应深圳发展需要,与国家法律和广东省法规相配套的特区环保法规体系,形成了一整套促进绿色发展的法规体系,为生态文明建设提供了强有力法制保障。《深圳经济特区环境保护条例》首创按日计罚、查封扣押制度,后被国家环保立法吸收;首次将排污许可证"一证式"管理纳入《深圳经济特区环境保护条例》,填补了现行法律法规在排污许可环境管理要求和执行报告方面法律责任的空白。在饮用水源保护、机动车排气污染防治等专项领域率先制定专项法规，确立一系列管理制度，为国家立法提供了有益探索。在全国范围内首次运用微信召开环保立法听证会，作为推动公众参与环保立法、环境保护的新尝试。

二是不断加强环境监管执法，深圳积极提高环保执法的精准度和威慑力。深圳以新《环境保护法》实施为契机，2015年起连续3年实施环境执法年活动和茅洲河流域环境执法大会战，推行有奖举报，开展环境执法"查管分离"改革和"点菜式"随机抽查执法，建立了联合惩戒机制。深圳在全国首推"三不、三直""点菜式"环保执法模式，"三不、三直"即"不定时间、不打招呼、不听汇报，直奔现场、直接检查、直接曝光"环保执法；"点菜式"即把全市的重点污染源汇总制成菜单样式，人大代表、政协委员、群众代表和新闻媒体在菜单中随机"点菜"去执法。这两种创新的环保执法模式是在严格保密的情况下直赴现场开展突击检查，加强了社会公众参与力度。提高了环保执法的精准度和威慑力。深圳市在公安部门成立了打击环境犯罪的专门机构。2017年集中力量开展"利剑一号"环保专项执法行动，在不到两个月时间内，全市共出动178584人（次），排查企业43736家，查处各类环境违法行为1599宗，立案处罚422宗，拟处罚金额5275万元，移送公安部门11宗。2016年以来，深圳在严格环境监管执法、严惩环境违法者的同时，创设并实践违法者主动公开道歉承诺制度，推行行政处罚认错认罚从宽制度并积极改进完善，与深圳严格执法形成良好互补。违法者主动公开道歉承诺从轻处罚制度即对违法者在行政处罚决定做出前主动在深圳市主流媒体上公开道歉并做出环保守法承诺的，按照裁量标准依法予以从轻处罚。2017年全市共有393家企业公开道歉并做出守法承诺，约占违法案件数的17%，减轻处罚金额约3000万元，占总罚款额的12%，对违法企业的主体责任教育效果明显。同时，这一创新举措取得良好社会效果，《中国环境报》予以专篇报道，环保部领导做出重要批示，要求各地研究施行。

第五节 "生态第一考"，创建具有特区特色的生态文明建设绩效考评制度体系

一 创新性地建立环境形势分析会制度

创新性地建立环境形势分析会制度，促成重点热点环境问题的解决。2012年，深圳首次以市政府名义召开了环境形势分析会，将其与"经济形势分析会"并列，将环境保护摆在与经济发展同等重要位置来抓。2015年，深圳将"开展环境形势分析研判"列入市政府工作规则，使之常态化。环境形势分析会不仅是深圳人居环境综合决策的重要举措，也成为加强环境保护、促进转型升级、改善社会民生、创造深圳质量的重要平台。通过环境形势分析会，深圳在决策层面把生态文明建设融入经济建设、政治建设、文化建设、社会建设各个方面和全过程，落实在城市规划、建设、管理各个领域，贯穿在生产、流通、分配、消费社会再生产各环节。

二 有效搭建治污保洁工程平台

深圳以内容创新、管理创新、考核创新为主线，统揽、统筹全市环境治理项目，将治污保洁工程打造成为提升城市环境质量的综合平台和长效手段。2004年，深圳成立了市治污保洁办公室，以实施治污保洁工程为载体，对全市各级政府部门及大型国有企业治污工程进行考核。2005年，《深圳市治污保洁工程实施方案》实施，随后，《深圳市治污保洁工程考核试行办法》出台，全面促进了治污保洁工程各项工作的深入开展。2006年，《深圳市治污保洁工程（2006—2010年）行动计划》颁布实施，首次将治污保洁工程提升到全市统筹规划的高度。2007年，深圳市委、市政府一号文件把治污保洁工程列为龙头工程，在环保实绩考核中拥有"一票否决"权。15年来，治污保洁工程已经成为推动生态市建设和环境保护的主要动力，机制不断创新，平台不断拓展。一是全面规范，建章立制。深圳不断完善治污保洁工作，建立了治污保洁十大机制和八项章程，各成员单位也充分发挥各自优势，建立了各具特色的推进机制，促进了深圳环保工作的有效落实。二是分批下发，动态调整。深圳将年度任务分批下发，涵盖年度各阶段工作重点，按照既定原则和程序，对年度治污保洁工程实施动态调整，保证了工程的延续性和高完成率。三是监督跟进，定期评估。深圳创造性地引入第三方现场督察，对工程实施进度进行实时跟进，每月编制督察报告上报市政府。同时，采用月报、季报、简报、专报等方式定期评估、通报工作进展，结果纳入年度考核。四是多方考核，奖罚分明。深圳市考核采取自查、第三方督察、资料审查、定期或不定期听取汇报、现场检查（或抽查）相结合的方式，每年由治污办和市监察局邀请由市人大代表、市政协委员、特邀监察员、有关专家组成的考核组进行考核。

通过协调服务、定期跟踪督办、第三方现场督查、定期考核评估等措施，治污保洁工程已成为推进深圳生态文明建设的重要平台。截至2017年，治污保洁工程共实施任务超过2000项，累计投资超过2500亿元。深圳已建成污水处理厂32座，总处理能力达到519.5万吨/日，纳入GIS系统管理的市政污水管网总长达到5490.32千米，在用生活垃圾无害化处理设施8座，生活垃圾无害化处理率、危险废物处理处置率、医疗废物安全处置率均达到100%。

三 以绿色考核推动生态文明建设

深圳积极探索开展生态文明建设考核追责，在全国率先将生态文明建设作为党政干部任免奖惩的最大考核项，充分发挥绿色考核的重要导向和约束作用，引导党政干部树立绿色政绩观，推动环保责任落实。

2007年1月，深圳印发《关于加强环境保护建设生态市的决定》，率先全国启动环保领域生态文明考核。同年12月，深圳印发《深圳市环境保护实绩考核试行办法》，率先启动环境保护实绩考核。2013年8月，深圳出台《深圳市生态文明建设考核制度》，将环境保护实绩考核升级为生态文明建设考核。近年来，生态文明建设工作占党政实绩考核的比例均保持在20%左右。深圳生态文明考核制度为推动生态环境保护、公众参与生态治理、绿色可持续发展提供了坚强的组织保障和制度支撑，有效地凝聚了全市生态文明建设合力。2015年年底，生态文明建设考核获环境保护"绿坐标"制度创新奖，被新华社誉为"生态文明建设第一考"。

生态文明建设考核，始终强调将考"事"与考"人"结合起来，为领导干部进一步树立绿色政绩观提供了鲜明导向，促使各级干部不仅重视GDP"显绩"，也重视生态环境质量"潜绩"，从而确保生态文明的各项要求真正落实到城市发展的各个方面。深圳生态文明建设考核有以下特点：一是规格高。生态文明建设考核是全市7项"一票否决"的考核之一。生态文明建设考核由市委市政府组织实施，考核结果由市委常委会审定。二是覆盖面广。既考政府，也考企业，考核对象包括10个辖区、17个市直部门和12个重点企业。三是指标科学。涉及资源节约循环利用、城市生态空间优化、环境治理、节能减排诸多方面，突出PM2.5、饮用水源保护、生态破坏修复、地下水环境、土壤环境保护等市民群众关心的问题。四是程序合理。考核采取定量和定性结合的方式，引入公众满意度调查、现场评审、专家评议等环节，确保评审结论的准确性和代表性。五是突出群众评价的权重。把公众满意度作为考核重要标准，委托独立机构开展公众满意度调查，公众满意度低于60%的"一票否决"，当年考核评定为不合格。六是强化考核结果的刚性运用。市委组织部建立领导干部生态文明建设考核工作档案，并将考核结果纳入市管领导班子和市管干部考核内容，考核得分低于总分80%且在考核类别中排名为末位的，对单位主要负责人和分管负责人进行诫勉谈话。

除了在任期内要进行考核，领导干部离任时还要接受"生态审计"。深圳实施最严厉的生态环境责任追究机制，编制深圳生态环境保护权责清单，制定相关细则，定责、分责、追责的制度链条健全、体系完备；同时构建科学合理的自然资源资产负债表体系，率先开展领导干部任期生态审计试点，对领导干部在任职期间自然资源资产数量、质量和价值的变化情况及变化原因等开展全面审查，对不顾生态环境盲目决策、造成严重后果的领导干部，依法严肃追究责任。这些举措，有力地促进了各级干部发展观念的转变。

第六节　强化生态理念引领，打造口碑与效益兼具的生态文化品牌

一　培育和弘扬生态文化，生态文明宣教体系已成规模

高度重视公众在生态文明建设中的参与性建设，通过政务微博、新闻发布会、各大网站以及市内外主要媒体、新媒体等渠道，宣传生态文明建设、环境保护工作进展和成效，依法公开环境信息，解答群众的热点难点问题，公开曝光环境严重违法案件。深入开展环境保护、绿色低碳、资源节约等生态文明宣传教育活动，充分利用"世界环境日""地球日"加强各类主题宣传，推动绿色系列创建，率先组织自然学校建设，鼓励和引导社会团体、公众参与生态建设的公益性活动。全市共建设了11个环境教育基地和7所自然学校，环保组织140多个，环保志愿者超过22000人，环保志愿义工规模全国最大，环保志愿义工人数全国最多。充分利用资源优势，通过体验自然、环境教育基地的学习交流等，倡导绿色低碳的生活和消费观念，引导市民逐步养成绿色生活方式。培养市民的环保意识，提升公民环境意识和环境道德水

平，广泛传播人与自然协调发展的新观念，把生态文明理念融入市民生活。全社会生态文明意识明显提升，生态文化日益繁荣。

二 打造典型示范，示范创建成为生态文明建设重要支撑

自 1999 年起，深圳在全国率先开展各类生态示范创建工作，形成了以市、区创建为主体，"细胞工程"创建为补充的工作格局，开展绿色学校、社区、企业、商场等绿色家园系列创建活动，通过创建引导市民绿色生活方式。多年来，深圳市以创建国家生态文明建设示范市为抓手，出台创建规划，大力开展生态文明示范创建，通过示范创建打造了一批典型示范，推动生态文明建设再上新台阶。截至 2017 年，深圳市已有盐田区、福田区、南山区和罗湖区 4 个区荣获"国家生态区"称号，光明新区成为"国家绿色生态示范城区"，盐田区成为"国家水土保持生态文明区"。盐田区获得第一批"国家生态文明建设示范区"称号。全市累计建成国家生态旅游示范区 2 个，深圳市生态工业园区 13 个，深圳市生态街道 49 个，深圳市宜居社区 547 个，全市共有 6 个项目获评中国人居环境范例奖，30 个项目获评广东省宜居环境范例奖。2019 年，福田区荣获"国家生态文明建设示范区"称号，也成为全国主要中心城区中唯一荣膺该荣誉称号的城区。

第八章　深圳——文化建设和改革的先锋

深圳作为一个年轻的移民城市，与国内外一些城市相比，文化资源相对匮乏，文化发展缺乏历史积淀，曾一度被称为"文化沙漠"。经济特区成立后，在实现经济快速发展的同时，深圳高度重视文化建设，及时制定科学的文化发展政策，不断加大文化建设投入，努力推进文化事业和文化产业发展，逐步实现了由"文化沙漠"向"文化绿洲"的历史性转变。

第一节　城市定位科学，制定切实的文化战略

深圳的文化因其独特的社会经济条件和人文环境而有一个特殊的发展过程。众所周知，深圳是一个年轻的城市，建市只有短短的40年（1979年3月撤县建市），建经济特区也只有39年（1980年8月成立经济特区），曾被誉为"一夜之城"。无论如何，深圳告别农业文明走向工业文明，成为真正意义上的城市，也只有30余年的历史。此间，深圳无论在人口数量还是经济总量上，都在实现超常规的剧增。然而，就

在这个农村城市化急剧嬗变的过程中,文化对城市发展的作用日益突出,管理水平的缺位、各种人才的缺乏、科教水平的制约、文化底蕴的不足和文化实力的脆弱使深圳逐步感受到经济社会高速发展后的虚匮。只有因地制宜地推进文化发展,才能保持可持续发展的后劲。同时,深圳在经济总量、工业产值、外贸进出口、高科技开发等方面所构成的综合经济实力优势,亟需得到综合文化实力的跟进和支撑。当然,深圳在综合经济实力上的突出优势,为文化事业发展提供了重要的物质基础和条件。因此,深圳实施"文化立市"到"文化强市"的发展战略,既是顺势而为的战略选择,又是城市发展的内在驱动,从而有效提高了深圳的城市综合竞争力,增强了其凝聚力和辐射力。

一 经济自觉、文化起步——特区文化的初创阶段

1980年8月26日深圳经济特区成立,政府的主要着力点在于经济,文化建设几乎是从零开始。市委市政府强调经济与文化要协调发展,并作为一项战略任务抓好。当时的市委主要领导提出了"勒紧裤腰带也要建设八大文化设施"的口号,先后兴建了科学馆、博物馆、图书馆等一批文化设施。虽然这只是立足于城市最基本的文化功能而践行的重要举措,但打好深圳文化发展的"硬件"基础则是其客观结果。而这种"勒紧裤腰带"的精神,使深圳的文化发展呈现出蓬勃景象。这一时期,深圳的文化艺术事业从无到有并实现快速发展。《深圳特区报》、深圳市文联、深圳电视台等文化阵地相继成立,"文化网络枢纽规划"推行,形成了条块结合、纵横交错、政府和企业合办文化的格局。与此同时,大文化管理

体制逐步完善，按照"小政府、大社会"的思路，深圳成为全国率先探索大文化管理体制的城市，并成立了全国首个文化综合执法机构"市文化稽查大队"。

20世纪90年代，市委市政府主要领导强调，"文化是城市的神，经济是城市的形，两者只有协调发展，城市才能形神兼备"。这标志着深圳对文化认识的新高度，凸显了文化是城市之魂的文化观。1995年，深圳市第二次党代会强调要增创精神文明建设新优势等"十大优势"，把深圳建设成为社会主义物质文明和精神文明的"示范区"及现代化的高度文明的城市。同年，首次提出要将深圳建成"现代文化名城"的战略目标。2001年，成立深圳市文化体制改革领导小组及其办公室，并着手研究制订深圳市文化体制改革总体方案。这一时期，深圳文化建设的主要创新举措有：一是深入开展文明创建活动；二是加快文化设施建设；三是大力推动文艺精品创作；四是创立品牌文化活动；五是加强社科理论研究。

二 文化自觉、文化立市——增创文化新优势阶段

作为一个新兴城市，深圳在经过20余年的发展获得巨大经济成就后，于2003年提出并实施"文化立市"战略，树立了"文化经济"的理念，把文化作为城市发展的一个重要战略支撑点，文化成为城市发展的主导力量之一。这反映了深圳在知识经济迅猛发展和文化全球化大背景下，对城市文化的认识不断深化。"文化立市"的战略，最主要的是结合实际，因地制宜，符合自身发展的内在需求，顺应城市化进程的时代潮流。为此，深圳在2003年前后开展了文化体制改革的综合试点工作，通过文化事业、文化产业的两轮驱动，改

革制约文化发展的管理体制，建立科学合理的文化管理架构，不断完善文化管理体制和文化决策机制，加快转变政府管理职能。深圳率先完成全国文化体制改革试点任务，四次被评为"全国文化体制改革先进地区"。

2003—2011年，深圳文化建设的主要创新举措有：一是有力推动中华文化走向世界，提升深圳的城市软实力和国际影响力。二是巩固和发展创新型智慧型力量型的城市主流文化。三是率先制定《深圳经济特区文明行为促进条例》《深圳经济特区救助人权益保护规定》等法规，开创了文明城市建设法治进程，进一步巩固了社会文明风尚。四是扎实有力推进主流舆论宣传。五是打造文艺精品。六是不断推进文化体制改革。七是初步建成普惠型公共文化服务体系。八是成功探索"文化+科技""文化+创意""文化+金融"的产业发展新模式，推动了文化产业快速发展。

三 文化自强、文化自信——新时代文化创新发展

在庆祝中国共产党成立95周年大会上习近平总书记提出"文化自信，是更基础、更广泛、更深厚的自信"；党的十九大报告第七部分专门部署"坚定文化自信，推动社会主义文化繁荣兴盛"，并强调"没有高度的文化自信，没有文化的繁荣兴盛，就没有中华民族伟大复兴"。在新时代，深圳担负起新的文化使命，坚定走中国特色社会主义文化发展道路，不断促进和推动文化创新，激发全社会文化创造活力，更好构筑中国精神、中国价值、中国形象，为广大市民提供精神指引，为率先高质量全面建成小康社会、加快建设社会主义现代化先行区提供强大的精神动力和文化支撑，以特区窗口展

现文化自信和中国力量。"文化强市"是"文化立市"战略的逻辑延伸，也是深圳在新的历史条件下从高度的文化自觉走向高度的文化自信的集中体现。深圳始终坚持文化自觉，不断强化文化担当，通过实施文化创新，夯实基础、补齐短板、谋划长远，提升文化综合实力。为实现文化强市的战略目标，深圳提出了"完备的公共文化服务体系"的概念，颁布了《深圳文化创意产业振兴发展规划（2011—2015）》及一系列的配套政策。2016年，在全面梳理深圳文化发展面临的挑战和存在的薄弱环节的基础上，深圳又推出《深圳文化创新发展 2020（实施方案）》，为深圳未来 5 年文化创新发展描绘了细致的"施工图"。深圳把构建公共文化服务体系、保障人民群众基本文化权益作为政府文化工作的第一要务和实施文化立市战略的重要支撑来加以推进，初步建立起设施比较齐全、产品比较丰富、服务质量较高、机制比较健全的公共文化服务体系，群众基本文化权益得到有效保障，初步实现了广大市民共建、共享文化发展成果的基本目标。

　　2012 年至今，深圳文化建设的主要创新举措有：一是坚定不移"举旗帜"，加强理论武装，守好意识形态安全。二是时刻牢记"聚民心"，把握正确舆论导向，唱响时代主旋律。三是久久为功"育新人"，提升市民文明素养，深化文明城市创建。四是持续用力"兴文化"，推动文化创新发展，建设全球区域文化中心城市和国际创意文化先锋城市。五是树立自信"展形象"，增强深圳文化辐射力，提升中华文化影响力。

　　在中国，文化建设已经被提升到国家发展战略的重要层面，发展社会主义先进文化的能力成为提高党的执政能力建设的重大课题。党的十九大报告强调：文化是一个国家、一个民族的灵魂，文化兴国运兴，文化强民族强。文化战略是一个城市文化发展的导向性选择，即着眼于文化的地位和作用，积极推进文化的发展，并以文化发展带动经济和社会的整体发展。从深圳文化的建设和发展中，我们可以看到：一个城市制定文化发展战略，其实就是对城市文化的发展进行因地制宜、独具特色的设计和构想；因此，战略的制定及实施要充分结合城市社会、经济、文化发展的历史和现状，使之既能够有效引领城市文化的发展，又能够推动城市社会、经济和文化的协调并进。切实可行的文化战略，能够指引城市演进的方向，推动城市发展的历史进程。

第二节　深化文化体制改革，助推文化创新发展

　　文化是国家与民族的灵魂，而改革则为文化赋予不断前行的动力。习近平总书记强调，"要深化文化体制改革，完善文化管理体制，加快构建把社会效益放在首位、社会效益和经济效益相统一的体制机制"[①]。在 2018 年 8 月 21 日召开的全国宣传思想工作会议上，习近平总书记再次强调，"要坚定不移地将文化体制改革引向深入，不断激发文化创新创造活力"。作为中国改革开放的"试验田"和"窗口"，深圳较早地进行了经济体制改革，逐步建立起社会主义市场经济体系，经济的快速发展为文化的发展奠定了坚实的物质基础，为有

---

① 习近平：《决胜全面建成小康社会　夺取新时代中国特色社会主义伟大胜利——在中国共产党第十九次全国代表大会上的报告》，人民出版社 2017 年版，第 44 页。

效推动文化体制改革创造了必要和充分的条件。作为中国文化体制改革的先锋城市，深圳在文化改革创新路上敢闯敢试，以改革补短板，以创新谋发展。通过一系列卓有成效的文化体制改革与文化机制创新，在政府管理体制、文艺院团改革、文化法制建设、文化产业发展等方面进行了有益的探索，不断取得实质性突破，率先完成国家赋予的各项改革试点任务，连续四次被评为"全国文化体制改革工作先进地区"，为全国的文化体制改革及其他城市的文化发展提供了有益借鉴，也极大地促进了自身文化的繁荣发展。

一 构建现代公共服务型政府，强化公共文化服务体系建设，着力提升市民文化福利

文化行政管理部门的职能主要体现在政策引导、市场监督、社会管理和公共服务四个方面。文化体制改革向深层次的发展，使深圳市政府文化管理部门的职能发生了根本性的变化。近年来，以转变政府文化管理职能、理顺政府与文化企业事业单位的关系为中心，深圳实现了政府文化管理的三个转变，即从政府办文化到社会办文化；从管理政府文化服务机构和文化设施为主逐步转向管理全社会文化为主；从行政手段管理为主向依靠市场"无形之手"引导为主的转变。通过职能转变，实行政事分开、管办分离，加强对文化宏观管理，努力构建一个现代化的公共服务型政府，从而给深圳文化事业和文化产业发展带来了前所未有的活力和繁荣。

深圳制定了大量值得借鉴和推广的城市公共文化政策，包括出台了一系列涉及文化战略、改革、促进文化产业发展的政策，以及加强公共文化服务体系建设的意见等，对文化

事业、文化产业发展起到了非常重要的助推作用并取得了积极成果。这不仅为深圳公共文化服务体系的进一步完善奠定了良好基础，也为全国公共文化服务的发展提供了有益经验。

在文化理念上，深圳市文化主管部门率先转变文化发展理念，早在2000年就提出了"实现市民文化权利"的重要命题，并作为指导未来深圳文化行政的核心理念。在服务观念上，按照中国政府职能转变的要求和建设服务型政府、法治型政府、责任型政府、高效型政府和廉洁型政府的目标任务，深圳市2003年明确提出建设"公共文化服务体系"，以此作为转变政府文化职能、实现市民文化权利和提高市民文化福利的基本途径。

政府文化理念和服务观念的转变为深圳公共文化服务的发展提供了思想前提，而深圳日益增长的经济实力又为公共文化服务体系建设奠定了坚实的物质基础。自成立特区以来，深圳经济持续高速增长，地方财政实力不断增强，为构建一个完整的公共文化服务发展体系提供了良好的经济条件。正是依托地方相对雄厚的财政实力，深圳近年来不断加大对文化建设的投入力度，并根据公共文化服务的公益性、公平性、均等性、基本性、便利性和参与性等原则，不断创新服务的体制机制，在全国率先建立了较为完善的普惠市民、覆盖全市的公共文化服务体系。

二 搞活文化事业单位，着力激发文化发展活力

文化事业单位是中国发展社会主义文化事业的主干力量，深圳纵横推进、大胆创新，积极探索搞活文化事业单位、推进城市文化发展的新途径，并取得了成功，主要表现在以下两个方面：

1. 分类管理，深化内部管理体制改革。深圳在推进文化

事业单位改革的过程中，根据不同情况划分基本公共文化服务领域和非基本公共文化服务领域，在此基础上，根据其性质与功能，对之进行分类指导与管理。对公益性的图书馆、博物馆、美术馆、文化馆等文化事业单位，深圳市政府充分发挥了公共财政的作用，加大各级政府对公益性文化事业基础设施和事业经费的投入，同时吸收社会资源，鼓励社会捐赠，形成了政府和社会共建的良好格局。对于准公益性文化事业单位，政府给予一定的资助，支持其为市民提供公共文化产品与服务。对于经营性文化事业单位，则实行自主经营、自负盈亏，使之逐步向企业制过渡，按照企业法，建立起现代企业制度。

在理顺党政关系、政事关系和部门关系的基础上，深圳逐步建立起了政事分开、事权清晰、职责明确、监管到位的文化事业单位管理体制，有效地推进了深圳的文化事业单位体制改革。例如，深化干部、人事（劳动）和分配制度改革，取消文化事业单位行政级别；广泛推行聘用、聘任制与职位管理制度；建立以职位工资为主体的工资分配制度，使收入与专业技术水平和贡献直接挂钩；积极推进文化事业单位后勤服务社会化；等等。

2. 重组文化资源，深化艺术院团改革。文艺院团，是繁荣社会主义文艺的支撑力量和基础。深圳建市以来，相继成立了由政府主办、直属市文化局管理的三个专业文艺团体，即深圳市歌舞团、深圳市粤剧团和深圳市交响乐团。这些团体在自身的建设和发展中出现了"缺队伍、缺人才、缺作品、缺影响"等问题。因此，深圳近年来积极探索如何深化专业艺术院团的改革问题，一是创新管理体制机制，坚持走政府指导与市场驱动相结合的改革新路。通过建立委托管理的新模式和人事管理、人才引进、绩效考核、业绩激励的新机制，以改革激发活力，建设新型院团。二是整合资源融合发展。坚持分类指导，实行"一团一策"：设立深圳交响乐发展理事会和基金会，推动深圳交响乐团和深圳音乐厅融合发展；在深圳大剧院的基础上组建深圳歌舞剧院及实现二者融合发展；将深圳粤剧团与深圳戏院整合，并将戏院划归粤剧团管理，将各种资源有效整合、高效利用。三是多渠道筹集发展经费。在原有经费支持的基础上，加大政府购买服务力度，扶持精品创作，同时推动院团开拓市场，增加经营创收，并通过设立基金会等方式引导和鼓励社会捐赠。

政府不仅加大对公共文化设施投入，还充分注重对已有文化场馆设施进行改造、完善以提高其使用效益。与此同时，对部分文化事业单位进行重组，优化文化资源配置，实现优势互补。深圳除宣传文化部门以及文化事业单位推进公共文化服务外，还采取积极有效的措施和政策引导、吸引和调动社会文化资源参与公共文化服务，通过创新公益文化活动运作机制，通过政府采购、委托承办等形式吸引社会民间各类主体的参与，达到政府、社会共同建设公共文化服务的目标。例如，深圳探索社会化专业化运营模式，制定了公开透明的通行原则和招标程序，加强与具有先进管理水平的企业的合作，使现有的大型文化设施实现一流设施、一流管理与一流演出相结合，提高了公共文化设施与资源的使用效益。

三　培育充满活力的文化企业群体，着力发展文化产业

在发展文化产业、形成充满活力的文化企业群体方面，深圳已经成为全国的一个典范。深圳在全国率先确立"文化

立市"发展战略，较早提出把文化产业打造成支柱产业的目标，并于2008年出台了全国第一个文化产业促进条例，之后又发布了10余个文化产业政策或规划，涉及金融扶持、税收优惠、产业空间、产业内细分行业专项政策等。另外，不断加强文化立法和文化执法，保护知识产权，强化监管和规范文化市场的有序发展。系列政策、法规的实施及专项资金的扶持，有效推动了深圳文化产业快速发展。

深圳通过资源整合、结构调整、机制创新、强化管理等方式深化文化企业改革，以创新体制、面向市场、壮大实力为重点，积极创造各种条件，鼓励各类文化企业进行跨行业、跨地区乃至跨国界的发展，鼓励文化企业的合并与重组，通过转换经营方式、优化经营机制，做大做强文化企业集团。

在发展文化产业的过程中，深圳结合自身发展实际，积极与高新科技、金融、创意等有效融合，极大拓宽了文化的原有边界，使文化在跨界发展中爆发巨大的创造力，并以此为基础大力发展优势、特色产业。依托这些产业，在进一步将其发展壮大的基础上，不断培育和发展相关产业，从而营造"百花齐放"的良好氛围。截至2018年年底，全市文化创意企业近5万家，其中上市企业达40余家。其中，腾讯"新文创"战略的布局和华强方特文化产业深度延展，是深圳文化产业军团新时期升级发展的两股代表性力量。

第三节　优化资源整合，推动文化跨越式发展

近年来，深圳充分发挥高科技城市、创意城市、金融中

心城市和滨海旅游城市等特色，深度挖掘整合相关产业资源，探索出了"文化+科技""文化+创意""文化+金融""文化+旅游"的产业发展新模式。2009年1月，国内第一部扶持文化产业发展的地方性法规《深圳市文化产业发展促进条例》正式实施；2011年在全国率先制定并出台《深圳文化创意产业振兴发展规划（2011—2015年）》和配套政策，布局建设12个国家级文化产业示范基地和50多个市级文化产业园区；市财政每年安排5亿元文化创意产业专项资金和15亿元外贸发展资金，支持文化创意出口企业等"走出去"，扶持相关产业做强做大。在深圳文博会、深圳文化产权交易所的联合带动下，深圳构筑起文化产业投融资平台，文化产业保持快速发展势头，成为带动经济快速健康发展的重要引擎。2008年以来，深圳文化产业增加值年均增速达14%。而深圳文化产品出口目前占全国的20%，已经成为中国文化出口的重要基地和主要口岸。

一　发挥体制和经济的优势，充实城市的公共文化资源

城市文化资源的重要组成部分包括由文化设施、文化行政管理机关及文化艺术事业机构等构成的公共文化服务体系。因此，深圳加大对公共文化设施建设的投入力度，注重公共文化服务体系的建立和完善，以此来储备和充实城市的公共文化资源，为提升市民的文化生活水平、实现市民的基本文化权利提供必要的条件和优良的环境。

深圳在文化建设上，充分发挥经济特区的体制优势和经济实力相对雄厚的优势，建立健全文化机构，大力投资文化建设。在加大对公共文体设施财政投入的同时，积极创新投融资

体制，拓宽投入经费渠道，努力探索实施政府与企业合作建设、引进社会资本 PPP 方式等多渠道文体设施建设投融资模式；同时探索社会化专业化运营模式，通过委托或招投标等，吸引社会组织和企业等专业团队参与文体设施运营管理；基础性文化设施和公共文化服务体系迅速发展起来。

二 促进城市文化艺术资源的积累，推动传统文化资源的保护和挖掘

建设专业艺术团体，是城市艺术资源积累的重要方面。因此，深圳积极为文化资源的整合与利用搭建各种广阔平台，不断强化体制改革，通过市场竞争来激活专业艺术团体的生命力。同时，切实保护好各种传统文化资源，并在保护的基础上加以开发利用，转化为宝贵的城市文化资源。

40 年来，深圳一方面始终坚持弘扬主旋律，扶持文艺队伍的成长壮大，促进文艺精品"百花齐放"；另一方面始终坚持政府办团体与社会办团体相结合的发展思路，积极创办各类文化艺术团体；同时还注重打造系列文化节庆品牌，以文化节庆的形式，建立了各种不同种类、档次、规模的城市文化资源整合与利用平台。

另外，传统文化是城市文化资源的根本和源泉，在积累现代文化资源的同时，深圳也十分注重历史文化资源的保护与开发，加强对文化遗产的保护和利用，初步建立了文化遗产公共服务系统。例如，历史文化遗产保护"五纳入"政策得到贯彻落实，历史文化遗产保护经费投入大幅度增加，创新推动设立和划定了历史文化遗产保护的"紫线规划"，等等。尤其是在博物馆事业发展方面，除政府办馆外，出现了

私立、集体、公私合作等不同模式的博物馆，形成了各具特色的博物馆群体；推动市民了解深圳历史，增强文化认同和文化情感，文化遗产惠及民众的形式和内容越来越广泛。

三 发挥城市经济优势，实现现代媒体资源的迅速积累

媒体资源是现代城市文化资源的重要组成部分，因此，深圳充分利用高速发展的现代信息和传媒技术，充分发挥城市的经济优势，借助资本和市场集聚传媒资源；充分发挥龙头集团的凝聚力和辐射力，建立起科学而完善的文化传媒体系，实现了媒体、舆论资源的迅速积累。

短短40年的时间，深圳迅速建立起以深圳报业集团、深圳广电集团、发行集团为龙头，包括平面媒体、电视、广播、网络等各种媒体形式在内的现代文化传媒体系，积累了雄厚的现代媒体资源，成为一座传媒实力雄厚的城市。

第四节 开拓国际视野，参与全球文化竞争

深圳是中国改革开放的"窗口"，又是"一国两制"的分界地区，自成立经济特区以来，在加强对外文化交流与合作、参与全球文化竞争方面不断取得新的成就，逐步形成了以政府为主导、民间交流为主体、开拓国际市场为中心的对外文化交流与合作的良好格局，为其他城市的文化发展积累了可资借鉴的有益经验。

一 提高文化开放水平，加强文艺展演与交流合作

自成立经济特区以来，在大力发展经济的同时，深圳以弘扬中华民族的优秀传统文化、积极吸纳国内外文化的精华、创造中国特色的高品位的社会主义特区新文化为宗旨，积极主动地开展了多层次、多渠道、多形式、多种类的对外文化交流活动。在文艺演出、美术字画、书报杂志、影视广播、文化管理、设施建设等方面都进行了广泛的对外交流与合作，发挥了深圳特区作为中国改革开放"窗口"的独特功能和作用，以及作为"一国两制"分界城市毗邻港澳的地缘优势，不仅向世界展示了中国历史悠久的民族文化，宣传了中国改革开放的巨大成就，加深了港澳台同胞、海外侨胞与世界人民对中国和深圳特区的了解，沟通了与国内及世界上其他地区和城市的文化往来，而且通过对外文化交流与合作开阔了自身的文化视野，提高了深圳的整体文化素质，创造性地发展了特区的文化事业，促进了开放性、兼容性、现代化与多元化的城市文化的形成与发展，搭建了一个内容丰富、形式多样、日趋活跃的对外文化交流与合作的广阔平台。

与此同时，城市文化软实力显著提升，对外文化交流领域不断拓展。《走向复兴》等12部作品荣获中宣部"五个一"工程奖，大型原创儒家交响乐作品《人文颂》多次参加国内外演出。"两城一都"（图书馆之城、钢琴之城、设计之都）建设硕果累累。深圳读书月、创意十二月、中国深圳国际钢琴协奏曲比赛、中国设计大展、深圳创意设计新锐奖、深港城市建筑双城双年展等在全国乃至国际有重大影响的活动成功举办。全民阅读推广活动深入开展，被联合国教科文组织

授予"全球全民阅读典范城市"称号。

二　扩大文化生产与交流合作，大力促进对外文化贸易发展

深圳作为中国改革开放的前沿阵地与"试验田"，较早实行市场经济体制。近年来，深圳的文化产业发展迅速，平面设计业、印刷业、动漫业、影视报刊业、文化旅游业等均获得了长足的发展，成为深圳文化产业中具有标识功能的行业门类。在此基础上的对外文化交流与合作因此获得了越来越广阔的发展空间。例如，文博会扎根深圳以来，深圳文化创意产业保持了平均20%的增长速度，已成为中国对外文化交流的重要基地和主要口岸。2014年1月，"国家对外文化贸易基地"在深圳揭牌成立。"国家对外文化贸易基地"的命名，是中国对外文化贸易发展一个新的起步，深圳由此在国家对外文化贸易发展中担负起引领、示范、探索的责任。基地挂牌后，深圳利用国家优惠政策、国际贸易渠道和国际交流平台，打造与文化创意产业链高度融合的文化贸易服务链，创建国际文化贸易创新试验区，辐射港澳、东南亚乃至全球文化市场，有力地推动了中华优秀文化产品和文化服务"走出去"。

三　强化文化创意产业发展，搭建文化产品展示、交易广阔平台

在文化创意产业发展中，深圳坚持创新驱动战略，培育"文化+"新型业态，打造领军企业和知名品牌，提升文化创意产业的发展质量，走出一条质量型内涵式发展新路，为供给侧结构性改革做出新探索。深圳打造了一批国家级文化

产业平台。目前已成功举办了14届的深圳文博会,作为全国唯一的国家级、国际化、综合性文化产业展会,既为文化产业发展搭建起展示、交易、信息平台,而且使大量资金、项目、技术、人才在深圳汇聚,有力推动了区域文化产业的发展。深圳还在国内较早组建了文化产权交易所,参与发起设立了首支国家级文化产业投资基金,并不断创新对文化企业的金融支持方式,构建了文化产权交易、文化产业投融资、文化企业孵化的重要平台。自2013年深圳被文化部命名为"国家对外文化贸易基地"后,国家版权交易中心、数字出版基地等先后在此落户,深圳已建立起泛珠三角对外文化贸易辐射圈,有力带动了区域文化产业发展。

此外,深圳已建和在建的文化设施,利用节、会、展、场、园等多种载体,通过创办有影响力的文化节庆,策划较大规模的文化活动,举办丰富多彩的文化展览,建立形式多样的文化市场要素,开发各具特色的文化主题公园,增强城市文化的积聚能力、展示功能和辐射能量,从而有效增强了在全球文化竞争中的综合实力。

深圳,作为中国最早的经济特区之一,在21世纪不断向国际化大都市的目标迈进,在"文化立市、文化强市"发展战略的指引下,文化精神与时俱进,文化事业更加发达,文化产业日益兴盛,文化品牌不断涌现,文化权利充分实现,从而形成了"文化深圳""和谐深圳"的良好格局。

第九章　创新党的建设

党的十九大报告指出："党政军民学，东西南北中，党是领导一切的。"① 中国共产党的领导是中国特色社会主义最本质的特征，是中国特色社会主义制度的最大优势。习近平总书记在学习贯彻党的十九大精神研讨班开班式上发表重要讲话中指出："在统揽伟大斗争、伟大工程、伟大事业、伟大梦想中，起决定性作用的是新时代党的建设新的伟大工程。"② 深圳经济特区的发展史也是一部党的建设创新史，党的建设是深圳经济特区取得成功的根本保证。深圳推动经济社会快速发展的创新实践推动党的建设创新，党的建设创新为深圳经济社会快速发展提供了强大的政治保障。改革开放40多年来，深圳党建承载着为特区建设保驾护航的特殊使命和政治担当，在非公企业党建、社区党建、智慧党建等方面先行先试，进行了许多富有创新性的探索实践，深圳党的建设经验是深圳经验的重要内容。40年再出发，深圳将坚持在加强党的全面领导和党的建设上先行示范，打造彰显中国共产党先进性、纯洁性的"精彩样板"，为建设中国特色社会主义先行示范区提供坚实组织保证。

---

① 习近平：《决胜全面建成小康社会　夺取新时代中国特色社会主义伟大胜利——在中国共产党第十九次全国代表大会上的报告》，人民出版社2017年版，第20页。
② 《以时不我待只争朝夕的精神投入工作　开创新时代中国特色社会主义事业新局面》，《人民日报》2018年1月6日第1版。

第一节 立足经济特区的特殊使命，为特区建设保驾护航

中央设立深圳经济特区，赋予了其探索社会主义市场经济的特殊使命，深圳党建区别于其他城市党建的地方就在于，要发挥坚强领导核心作用，肩负为特区探索市场经济保驾护航的使命。

一 把牢"方向盘"，确保特区事业沿着正确的政治方向前进

党的十三大确立了党在社会主义初级阶段的基本路线，即"一个中心"：坚持以经济建设为中心；"两个基本点"：坚持四项基本原则，坚持改革开放。"一个中心，两个基本点"是相互贯通、相互依存、不可分割的统一整体。坚持四项基本原则是我们的立国之本；坚持改革开放是我们的强国之路，两者统一于中国特色社会主义的伟大实践。因此，作为中国最早的经济特区之一，深圳不仅肩负着探索发展商品经济和市场经济的使命，而且在政治上要始终坚持党的领导，坚持社会主义制度，要肩负展现社会主义制度优越性的使命。这一点在创办经济特区之初即被中央特别强调："试办经济特区，在经济上，意识形态上，有一个谁战胜谁的问题……经济特区的管理，在坚持四项基本原则和不损害主权的条件下，可以采取与内地不同的体制和政策，特区主要实

行市场调节。"① 1992 年邓小平同志再次视察深圳后也明确指出："对办特区，从一开始就有不同意见，担心是不是搞资本主义。深圳的建设成就，明确回答了那些有这样那样担心的人。特区姓'社'不姓'资'。"②

成立经济特区以来，深圳市委始终坚持和加强党的全面领导，以马克思主义中国化最新理论成果为指导，把坚持和发展中国特色社会主义作为最重要的政治原则，充分发挥把方向、管大局、作决策、保落实的坚强领导核心作用，确保特区各项事业方向正确、阔步前进。党的十八大以来，深圳市委牢固树立"四个意识"，坚定"四个自信"，在思想上政治上行动上坚决同党中央保持高度一致，坚决维护习近平总书记的核心地位，坚决维护党中央权威和集中统一领导。推行各级党委（党组）会议"第一议题"学习习近平新时代中国特色社会主义思想，以习近平新时代中国特色社会主义思想这一强大的理论武器为指导推动深圳改革创新。

二 做好"主心骨"，部署特区每个发展阶段的中心工作

成立经济特区以来，深圳党委积极加强领导核心作用，制定和部署每个发展阶段的中心工作。1990 年第一次党代会确定，要当好探索中国特色社会主义道路的"排头兵"；1995 年第二次党代会确定，要率先建立社会主义市场经济体制和运行机制；在初步完成现代化奠基阶段的历史任务后，2000 年第三次党代会确定，以"增创新优势，更上一层楼，率先

---

① 广东省政协文史资料研究委员会编：《经济特区的由来》，广东人民出版社 2002 年版，第 40—44 页。
② 《邓小平文选》第 3 卷，人民出版社 1993 年版，第 372 页。

基本实现社会主义现代化"为总目标、总任务统揽全局；在经济特区走过光辉的25年但又面临传统的发展模式制约时，2005年第四次党代会提出，以中国特色社会主义理论体系为旗帜，以科学发展观统领经济社会发展全局，以改革创新为动力，以全面加强党的建设提高执政能力为保证，努力建设和谐深圳效益深圳，为建设国际化城市奠定坚实基础。2010年第五次党代会确定，以加快转变经济发展方式为主线，以创新发展、转型发展、低碳发展、和谐发展为导向，着力推动经济、政治、文化、社会、生态文明建设和党的建设全面协调发展。2015年第六次党代会提出，率先全面建成小康社会，努力建成现代化国际化创新型城市。

实践证明，特区党委为特区每个阶段的发展制订了科学的规划，明确了中心任务。

第二节　适应市场经济发展趋势，加强新经济组织党的建设

改革开放40多年来，深圳市场经济得到充分发育，新经济组织迅猛发展并带来经济结构的巨大变化，经济基础的变化也带来社会结构的变化、人们利益诉求和思想观念的多元分化，这些对党的建设提出新的挑战。深圳主动适应市场经济发展变化，不断探索新经济组织党建工作，取得丰富的经验。

一　"一颗红心向党"，率先探索非公经济领域的党建

深圳非公有制经济组织数量已占市场主体的95%，足见

非公领域党建工作的特殊意义。与国企和事业单位党建工作相比，中外合资、外商独资、私营企业、混合所有制企业等非公有制经济领域开展党的建设面临诸多难题，诸如一些管理层的消极抵制、组织进人的障碍、党员利益纽带的缺失以及党员骨干培育成长的约束等。作为经济特区，深圳率先进行市场化改革，最先面临非公经济领域党建工作的难题，也率先进行非公经济领域的党建探索。

深圳经济的腾飞，外资企业发挥了重要作用。深圳在改革开放伊始，就十分重视外资企业党的建设工作。早在1982年，深圳就开展涉外企业党组织建设工作，提出涉外企业党组织的建立要与企业的组建同步进行。由于外资企业的特殊性，必须明晰党组织在外资企业中的具体工作目标和工作方式。1985年，深圳颁布相关规定，对中外合营企业党组织的地位、作用、权利、任务、组织设置、领导体制、活动方式和党员教育的内容作了明确要求，在三洋电机公司建立了全国第一家外资企业党支部。1992年，深圳又出台关于外商投资企业、中外合资企业、外商独资企业党组织工作的文件，对三资企业党组织的地位、作用、职能、工作方法、活动方式等提出系统要求，并按照"产权清晰""归口管理""属地管理""指定管理"等办法理顺党组织的管理关系，三资企业党组织建设工作步入制度化、法制化轨道。深圳外资企业党建还逐步探索出坚持精简、高效、兼职的原则配备中外合资企业党的干部，坚持业余、小型、分散、时效原则开展党的活动，按"内外有别"原则改进党组织的工作方法等经验，并在全国范围得以推广。到1992年，834个外企建立了党组织，占党员企业数的55.9%。全市有党员的1257家外商投资企业，已有541家成立了党组织，占43%；另有153家建立党小组，563家的零散党员归口或挂靠有关单位管理。①

改革开放以来，深圳私营企业迅猛发展，但20世纪八九十年代，私营企业党建工作并未得到足够重视。1995年，深圳上万家私营企业，只成立了17个基层党组织，18万多名从业人员中党员不足1000人。1995年4月，深圳在全国率先成立市总商会民营企业统管党委，开始加强私营企业党建工作。1997年4月，深圳出台《关于加强私营企业、个体工商户党组织和党员管理的意见》，明确规定，凡是正式党员3人以上的私营企业都应成立党的基层组织，要建立健全党的组织，理顺管理关系。1998年7月，深圳市总商会民营企业召开首次党代会，通过了《民营企业党组织工作的暂行条例》，对非公经济组织党建开始由"地区性零散的自发实践"转向"统一指导下的整体推进"。截至2001年，深圳私营企业党建卓有成效，全市成立私营企业党组织443个，个体工商户党组织34个，纳入管理的党员有1.8万人，占全市党员总数的12.9%。②

2003年6月，深圳成立"中共深圳市民营企业经济工作委员会"，统一指导全市民营经济和民间组织党的建设工作；同时在区、街道成立了民营经济党委或总支，构建了市、区、街道三级归口管理体系，形成了横向到边、纵向到底、齐抓共管的工作格局。2009年7月，深圳市同时在区、街道成立了民营经济党委或总支，构建了市、区、街道三级归口管理

---

① 中共深圳市委组织部、中共深圳市委党校：《非公有制经济组织党建工作的创新实践》，《求是》2001年第4期。

② 同上。

体系，形成了横向到边、纵向到底、齐抓共管的工作格局。同时，明确党组织参与企业决策、经营管理和文化建设等方面工作，以进一步确立党组织的政治核心地位。党的十八大以后，深圳市非公党委以龙头企业党建为重点，注重在总部企业、上市公司、互联网企业等重点领域和新兴领域中推进党建工作，坚持党建工作与企业发展"双推进"，有效激活了非公企业的党建活力因子，形成党建工作与企业发展的双赢格局和良性循环，不断提高非公企业党建质量。

二 "一颗红心办网"，给互联网企业装上"红色引擎"

深圳是一个年轻、创业的城市，信息产业比较发达，聚集了1917家互联网企业、33.8万家网站。互联网企业的快速发展，对经济社会发展、主流文化传播、社会意识形态、生产生活都产生了深刻影响，如何做好互联网企业党建工作，成为深圳党建工作十分重要的课题，深圳互联网企业党建自然也成为全国互联网企业党建的一个"样板"。就在我们课题组在深圳调研期间，2018年9月21日，全国互联网企业党建工作座谈会在深圳召开。会议指出，随着网络信息技术飞速发展和国家创新驱动发展战略深入推进，以新闻信息、网络社交、网络音视频、网络教育和出版、网络游戏、电子商务、互联网金融、生活服务、网络安全等为主要业态的互联网企业迅猛发展。抓紧抓好互联网这个党的建设重要阵地，团结凝聚互联网企业及平台大量年轻高知从业群体和新兴精神生产群体，建设良好网络生态，都必须高度重视抓好互联网企业党建工作。

深圳出台《关于加强新时代互联网企业党建工作的若干

措施》，全面规划部署互联网企业党建工作，着力互联网企业党的组织覆盖和党的工作覆盖，党的号召力和凝聚力不断增强。在市互联网行业协会建立联合党委，推动665个会员企业建立党组织，互联网企业党建实现"四个100%"：腾讯、迅雷等全国互联网百强企业100%单独建立党组织，腾讯公司从2003年成立党支部时的几十名党员，到如今发展到1万多名党员，占全体员工数的30%以上；微众银行、土巴兔等互联网独角兽企业100%单独建立党组织，微众银行2015年9月正式成立党委，目前有党员380人，占总员工数的32%；营收亿元及员工人数100人以上的互联网企业100%单独建立党组织；互联网企业聚集的产业园区、创客空间、孵化器等100%单独建立党组织。着力抓好腾讯、迅雷、珍爱网等龙头互联网企业的党建工作，带动其他互联网企业党建工作。2016年党中央表彰百个"全国先进基层党组织"，腾讯公司榜上有名，是唯一的互联网企业。针对互联网企业发展变化快、兴衰更替快、业务调整快的特点，组织部、网信办、经信委等部门每年联合开展一次排查，及时掌握互联网企业及其党组织变化情况，根据实际情况统筹推进"两个覆盖"。

加强队伍保障，推动党组织书记普遍由企业高管担任，支部书记由部门业务骨干担任。坚持把党的建设融入企业经营管理，建立健全党组织书记参加或列席企业管理层重要会议、党组织与管理层共同学习和定期沟通等双向互动工作机制，把"跟党一起创业"落到实处。推动党建工作与企业经营管理、与企业文化建设紧密结合起来，使党组织成为管网治网的重要内在力量，成为企业持续健康发展的红色引擎。

三 探索"1+N"党建阵地体系——园区党建和楼宇党建

园区党建和楼宇党建是新经济组织党建工作的重要措施。2012年,深圳要求工业园区、20层以上商务楼宇要100%建立联合型党组织,目前,深圳已在全市309个产业园区、221座高层商务楼宇、22个大型商圈市场建立党委。

园区党建根据不同类型采取不同的党组织组建方式:单一产权和投资管理一体的,依托产权单位建立党组织,这种类型的园区党委占比约为30%;产权多元、产权经营权相分离的,依托物业公司或运营单位建立党组织,占比约为15%;统一产权、没有管理机构的,依托龙头企业建立党组织,占比约为50%。[①] 全市309个产业园区设立党委,建设369个党群服务中心,实现园区规模以上非公企业党组织覆盖率100%,带动全市规模以上非公企业党组织覆盖率增至95%。[②] 深圳园区党建创新工作机制,园区内党政机关、设在企事业单位和社会组织的党组织,以及其他各类党组织,共同参与园区党建工作,形成共驻共建模式。每个园区在建立党组织的同时也同步建立党群服务中心,该服务中心既是党员群众开展党务和服务的场地,也是园区党组织办公场地,实现组织建设、阵地建设和服务供给有机结合。园区党建有效克服了小微企业党建工作松散化、形式化、空壳化的现象,把党建工作与园区企业健康发展的内在需要结合起来,与园区党员、员工的生产生活需求结合起来,积极探寻党建工作

---

① 《广东深圳:着力推进园区党建区域化集约化》,中国非公企业党建网,2017年3月22日,http://www.fgdjw.gov.cn/fgdjw/system/2017/03/22/021131384.shtml。
② 《深圳:勇当尖兵探索城市基层党建新路》,《深圳特区报》2017年9月19日。

与业务工作的结合，通过发挥党组织的作用，推动企业生产经营和园区经济发展。

深圳还积极探索楼宇、商圈党建工作，以"楼宇+物管""物管+企业"，不断扩大党对新经济组织的组织覆盖和工作覆盖。楼宇党建搭起了企业与政府、物管与企业、企业与企业之间的沟通桥梁，通过党组织活动的开展，拓宽楼宇企业间的横向沟通，实现党建工作与企业发展的双赢。深圳湾大街商圈，集商业、办公、娱乐、文化、休闲于一体，单日客流量超过10万人次。商圈党委成立以来，组建了海岸城文化娱乐行业、餐饮行业等30多个党组织，构建了企业商户互联互动、共同发展的商圈党建。全国电子第一街华强北街道，采取街道社区、工商税务和企业商户等多重优势叠加方式组建商圈党委，大大提升了党委解决实际问题的能级，党委建立3个多月，研究解决了63个商圈管理、市容市貌等方面问题。

第三节　加强基层社会整合，全面推进社区党建标准化建设

深圳是一个"移民城市"，2017年常住人口1252.83万人，加上流动人口，总人数超过2000多万人，户籍人口只有约400万人。总人口中流动人口多，人口结构复杂，开放性、多元化、异质化的社会结构给深圳经济发展增添了新的活力，同时也带来了党建工作和社会管理的压力。2015年12月，深圳开始推行社区党建标准化，围绕组织建设、党员管理、治

理结构、服务群众、工作职责五个方面推进标准化建设，实行政经分开、居站整合、赋权定责、人事提管四大改革，强化社区党委在议事决策、资源配置、服务群众、监督管理中的主导地位。社区党建标准化建设有效解决了社区党组织领导核心地位弱化、党组织和党员管理不到位、服务群众的能力意识弱、党员作用发挥不明显等短板，克服了社区党建月月"换主题"、天天"换频道"、不断"翻烧饼"和建"盆景"等问题。

一 组织建设标准化：全市社区统一设立党委

在全市645个社区统一设立党委，从有利于组织开展活动、有利于党员教育管理、有利于完善组织体系出发，在居委会、工作站及其他各类组织中设党总支或党支部，归属社区党委管理，强化社区党组织的政治功能和领导地位。在此基础上，重点着力解决社区党委书记的岗位待遇问题，明确社区党委书记工资福利待遇参照财政核拨事业单位职员七级执行，而且连续任职满6年的社区党委书记，经考试考察符合条件者还可入事业编，在岗位退休的享受事业编制相应人员退休待遇。①

二 党员管理标准化：解决党员"挂空"及"失联"问题

流动党员数量大、教育管理难等一直是深圳党建的一个难题，经常会出现流动党员"挂空"现象，容易造成党员党性

---

① 《深圳："五个标准化"迈出社区党建新步伐》，《深圳特区报》2016年11月17日。

观念逐渐退化、党员意识逐渐淡薄的问题。如何从严从实抓好党员管理，把党的思想政治建设抓在日常、严在经常，是社区党建要解决的重要问题。深圳市社区党委全面排查组织关系"挂空"及"失联"党员，准确掌握基本情况，加强党员思想教育、处置不合格党员、发展党员及创新组织关系管理。此外，深圳结合"两学一做"学习教育，推动"三会一课"制度化规范化，作为实现党员管理标准化的重要抓手。下发了《关于进一步落实"三会一课"制度、严格党内组织生活的通知》，要求严格按照规定流程和要求组织实施，确保"三会一课"的时间、人员、内容和效果落到实处。线上线下"三会一课"也要有签到和活动记录。"三会一课"制度落实情况将作为支部书记履行党建责任述职、民主评议党员的重要内容。

三 治理结构标准化：完善社区各类组织治理结构

深圳通过完善社区各类组织功能定位、健全理顺工作机制和议事决策规则等，建立健全以社区党委为领导核心，居委会、工作站、股份合作公司、群团组织、社会组织、业主委员会、物业公司、驻社区单位等积极参与和有序运转的治理架构。在理顺组织架构的同时，赋予社区党委"四项权力"，即重要事项决策权、人事安排权、领导保障权和管理监督权，突出社区党委的核心作用。如何保障社区党委有效行使"四项权力"，深圳对此有着周密的考虑和部署，各区（新区）也结合实际，研究出台配套制度，避免权力流于文件成为"空头支票"。[①] 有效解决了社区党组织软弱涣散，议事决

---

① 《深圳："五个标准化"迈出社区党建新步伐》，《深圳特区报》2016年11月17日。

策机制不规范,管理服务混乱,在群众中的威信下降等问题。

四 服务群众标准化:加强社区党群服务中心建设

出台《关于推进社区党群服务中心建设的实施意见》,明确全市社区公共服务平台的统一名称为"社区党群服务中心",最大限度地对各级各部门在社区设置的各类机构、牌子、平台、工作力量和阵地资源等进行全面整合,把社区党群服务中心打造成一站式、综合性、多功能的社区公共服务中心。按照"统一场所、统一系统、统一内容、统一制度、统一保障、统一标识"六个统一的要求,将中心建设成为党和政府在社区基层的执政阵地。每个社区办公用房面积不低于250平方米,服务群众用房面积不低于400平方米,而且必须是社区的自有产权。目前已建成1050个党群服务中心,形成"1+10+N"的党群服务中心体系,确保党员群众在1千米范围内可以到达一个党群服务中心,找到党组织。社区党组织通过办好"民生微实事",让群众身边的小事、急事、难事得到了快速解决,不仅有效贴近了民生需求,更有效拉近了党组织与社区居民的关系,提升了社区党组织服务群众的能力和水平。

五 工作职责标准化:创建达标清单和社区台账清单

在社区党建标准化建设中,深圳不仅规范了社区内党组织、居委会、工作站、股份合作公司等各类主体的职责,从功能上突出党组织领导核心地位,还积极推进社区减负工作,让社区真正回归本质功能,把社区党建和服务群众工作做扎实,把不该由社区承担的任务清理规范出去。目前,各区

(新区)梳理形成了《社区工作事项清单》,主要包括社区依法承担事项、社区依法协助事项、社区禁入事项、规范社区考核评比活动、规范社区开具证明(盖章)事项、社区开展创建达标清单和社区台账清单。①

2018年11月23日,深圳发布全国首个党建质量地方标准《党建质量指标体系(机关)》。深圳此次发布的党建质量标准,以党章党规党纪为准则,以党的政治建设、思想建设、组织建设、作风建设、纪律建设和党建成效为基础模块。标准涵盖了6个一级指标、22个二级指标、66个三级指标构成,覆盖了基层党建的各方面工作。其中,一级指标二级指标内容相对稳定,三级指标内容具体细化,与日常工作相对应,可以根据不同类型组织、不同时期要求做出相应调整。指标体系采用模块化设计,可广泛应用于机关、企业、学校、科研院所、社会组织等多个领域基层党组织。② 发布党建质量标准是深圳全面提高基层党组织党建工作标准化、精细化和科学化水平的创新之举,在基层党建工作可数字化、可量化以及科学化方面先行先试,为全国其他地区抓基层党建质量工作做了表率,提供了经验。

第四节 利用互联网技术,打造智慧党建

在"互联网+"的大背景下,深圳科学认识互联网传播

---

① 《深圳:"五个标准化"迈出社区党建新步伐》,《深圳特区报》2016年11月17日。
② 《深圳发布全国首个党建质量地方标准》,人民网,http://sz.people.com.cn/n2/2018/1123/c202846-32325889.html。

规律,利用自身优势,积极融入互联网、利用大数据,探索出"互联网+党建"的新模式。

一 建成"深圳智慧党建"系统,实现"一网覆盖"

深圳电子信息产业发达,党建信息化水平较高。目前建成"深圳智慧党建"系统,对全市2.9万个基层党组织、52.5万名党员进行信息联网管理,实现全市党组织和党员"一网覆盖",有效解决党员"空挂""隐身"等难题。终端从上到下延伸到街道社区,从点到面发散到每个支部,基层党组织情况可以"一捅到天",上级部署可以"一插到底"。面积545平方米的南山区智慧党建体验馆,展示了党政专业内容和党政的历史进程。一改以往的纸媒传递模式,主要采用科技化的空间设计元素和智能内容体验模式,打造出以"云智慧"为特色的党建体验馆。打破传统的以红旗色为首的元素标志,用科技蓝的色调加上LED大屏幕、多媒体互动、触动屏等体验设备,营造出轻松智能的学习氛围,有趣生动的观览空间。

二 利用"智慧党建"平台,开展既有"党味"又有"网味"的活动

利用"深圳智慧党建"系统,建立网上新时代讲习所、e支部、微党课,引导企业研发党建APP、开设党建公众号,每个支部至少搭建一个网上交流互动平台,开展既有"党味"又有"网味"的活动,增强党员的教育管理实效性。

以深圳海关搭建"智慧党建"平台为例。深圳海关依托该系统,网上党课、交党费、"三会一课"信息录入,都能用手机 APP 完成，还可以推送重要工作提醒，通过网上系统化的管理，让党建工作落在实处。据介绍，该系统包括了党建播报、网上党校、堡垒先锋、党费缴交、党廉明镜和党建管家等功能模块。通过系统，固化"三会一课"的召开频率、次数，统一规范组织生活记录内容，建立个人学习档案，并将组织生活情况在相关范围内发布，以公开监督倒逼制度执行；对党纪处分、追责问责、支部亮牌、个人申报等工作均实现全程在线管理，通过留痕迹、可追溯的管理模式，潜移默化地引导党员干部熟悉规矩、牢记规矩、执行规矩；通过"智能提醒"，自动向党组织、党员发送换届改选、组织生活、发展党员、党费缴交等 15 项工作提醒。系统还设计了"掌上党校""每日一学"功能，实现学习资源在线共享，学习时间自由支配；架设党费缴交网络专线，开通网上党费缴交功能，通过人性化功能开发，让系统更有"温度"。该海关党员石磊在使用系统后说："系统会定期推送学习内容，通过手机 APP 可以随时学习，与其他党员进行互动、每月缴纳党费也很方便，大家对系统的认同度挺高。"

三 构建"大数据"，有效解决党建工作"两张皮"问题

党建工作和业务工作"两张皮"现象是党建工作的一个难题。一些地方或有些部门把党建工作"虚"化，就党建论党建，使党建工作成了脱离业务工作、失去针对性和目的性的"花架子"。深圳智慧党建，打破界限壁垒，将党建工作与业务工作的数据打通，构建"大数据"，促进党建工作与业务工作、人才队伍建设深度融合，成为解决"两张皮"现象的创新之举。

深圳海关"智慧党建"系统集成了党务管理、人事管理、业务管理等26个系统数据，形成了"大党建"内涵下的管理"大数据"。同时，将行政机构与党组织进行关联，一个行政部门及其相应党组织的全部信息可以实现一次点击、同步查看，有效打破党建管理与业务、队伍管理的界限壁垒，使"没有离开业务的党建，更没有离开党建的业务"这一观念更加深入人心。该海关机关党委负责人表示："深圳海关今年推出的智慧党建，初衷就是要跳出'就党建论党建'的管理方式，以信息化的手段在管理层面率先实现对'两张皮'的有效破题。"40年来，深圳党建紧跟改革开放的步伐，把牢特区经济社会发展的中国特色社会主义方向，积极探索新经济组织党的建设，提出社区建设标准化建设，有效推进"互联网+"党建和智慧党建，这些创新做法为党的建设提供了丰富经验，并在其他地区得到推广。

第十章　迈向全球标杆城市

第一节　从开放走向国际化

一　与改革开放同行：深圳国际化的历史与现实

经济全球化与区域一体化的日益发展，使得城市开始成为国际关系中的重要行为主体。大都市的建设与发展实现了更大范围内生产要素的交换与流动，使得其超越城市边界乃至国家边界开拓更大范围的市场成为一种必然的趋势。

深圳是中国第一个经济特区，诞生于改革开放的伟大历史决策之中，可以说深圳的发展是与改革开放全程同行的。40年来，深圳市先行先试、大胆创新取得的成就，为探索中国特色社会主义做出了巨大的贡献，是中国改革开放伟大历史成就的重要缩影。

尽管国际化创新型城市建设是深圳在近十多年来正式提出的奋斗目标，但是纵观深圳特区40年的发展历程，开放始终是其发展中的重要特色。1979年2月2日，经国务院批准，香港招商局在深圳宝安蛇口2.14平方千米土地上建立了中国内地第一个出口加工工业区。同年7月8日，蛇口工业区基础工程正式破土动工，其开山填海的开山炮，被称为中国改革开放的"第一炮"。可以说,深圳特区发展的第一步就是同开放型经济的建设相伴随的。"三来一补"(来料加工、来样加工、来件装配和补偿贸易)是改革开放早期深圳重要的外向型经济模式,在一定程度上奠定了深圳从开放走向国际化的基础,尽管它处在产业链的低端环节,但从一开始就有着国际化的基因,通过"三来一补"深圳的产业接入了国际分工,初步实现了生产、销售以及市场的国际化。1984—1986年,在深圳市规划局与中国城市规划设计院共同编制的《深圳经济特区总体规划(1986—2000)》中进一步明确了深圳经济特区是以工业为重点的外向型、多功能的综合性经济特区。接下来,深圳的城市定位经历了几个不同阶段的变迁,建设目标也经历了"外向型、多功能国际性城市""现代化国际性城市""区域性经济中心城市""区域性国际化城市"的一系列变化。而党的十八大以来,处于由"深圳速度"到"深圳质量"跨越新阶段的深圳,以世界先进城市为标杆,打造一流的市容环境、生态生活环境、交通环境、社区环境、人文环境,以一流国际化城市环境集聚高端生产要素、促进宜居宜业、提升城市品位,加快建设现代化国际化创新型城市。

2019年8月18日,中共中央、国务院发布《关于支持深圳建设中国特色社会主义先行示范区的意见》,明确提出到2025年,深圳经济实力、发展质量跻身全球城市前列,研发投入强度、产业创新能力世界一流,文化软实力大幅提升,公共服务水平和生态环境质量达到国际先进水平,建成现代化国际化创新型城市。到2035年,深圳高质量发展成为全国典范,城市综合经济竞争力世界领先,建成具有全球影响力的创新创业创意之都，成为我国建设社会主义现代化强国的城市范例。到本世纪中叶，深圳以更加昂扬的姿态屹立于世界先进城市之林，成为竞争力、创新力、影响力卓著的全球标杆城市。社会主义先行示范区建设意味着深圳的国际化迈入了一个全新的阶段，全球标杆城市是深圳在建成现代化国际化创新型城市与建成具有全球影响力的创新创业创意之都上更高一级的目标，而能够在国际经济、科技、文化、社会等各个领域产生重大影响，可以作为样板、典范，向世界展示所在国家的治理理念、治理智慧、治理方案的城市，才堪称"全球标杆城市"。

二 推进深圳国际化建设的统筹协调与顶层设计

推进国际化城市建设，是深圳引领新一轮改革开放的必然选择。为了推进国际化城市建设，深圳出台了《深圳市推进国际化城市建设行动纲要》这一总纲文件，明确分两个阶段推进深圳国际化创新型城市建设，2050年将深圳建设成为拥有超群的综合实力和国际竞争力的国际化城市，以及生产要素的国际配置中心、经营决策的国际管理中心、知识技术的国际创新中心、信息资源的国际交流中心、生态多元的国际宜居中心。同时，深圳还开展了"深圳国际化城市建设指标体系"研究，设置了经济开放、创新文化、宜居宜业、国际影响四个方面25项指标作为深圳国际化城市建设的参考指引，并且建立起专责小组推动落实国际化城市建设的重点工作项目。

《关于支持深圳建设中国特色社会主义先行示范区的意见》（以下简称《意见》）对深圳的国际化发展提出了新的目

标，也明确强调了深圳应加快形成全面深化改革开放的新格局。《意见》指出，坚持社会主义市场经济改革方向，探索完善产权制度，依法有效保护各种所有制经济组织和公民财产权。支持深圳开展区域性国资国企综合改革试验。高标准高质量建设自由贸易试验区，加快构建与国际接轨的开放型经济新体制。支持深圳试点深化外汇管理改革。推动更多国际组织和机构落户深圳。支持深圳举办国际大型体育赛事和文化交流活动，建设国家队训练基地，承办重大主场外交活动。支持深圳加快建设全球海洋中心城市，按程序组建海洋大学和国家深海科考中心，探索设立国际海洋开发银行。[①] 文化产业与旅游业也是深圳走向全球标杆城市的重要突破口，《意见》在这一方面也做出了布局：支持深圳大力发展数字文化产业和创意文化产业，加强粤港澳数字创意产业合作。支持深圳建设创新创意设计学院，引进世界高端创意设计资源，设立面向全球的创意设计大奖，打造一批国际性的中国文化品牌。用好香港、澳门会展资源和行业优势，组织举办大型文创展览。推动文化和旅游融合发展，丰富中外文化交流内容。有序推动国际邮轮港建设，进一步增加国际班轮航线，探索研究简化邮轮、游艇及旅客出入境手续。[②]

《意见》既是深圳进一步走向全球标杆城市的愿景目标，一定程度上也是对深圳近年来先行先试建设国际化创新型建设的肯定，经过40年改革开放，深圳经济规模跻身全球城市前列，全面创新能力突出，民主法治日益完善，民生福利水

[①] 《中共中央 国务院关于支持深圳建设中国特色社会主义先行示范区的意见》，中国政府网，2019年8月18日，http://www.gov.cn/zhengce/2019-08/18/content_5422183.htm。

[②] 同上。

平不断提高，绿色低碳优势初步彰显，国际化程度稳步提升，创造了世界工业化、城市化、现代化发展史上的奇迹，成为展示中国特色社会主义的"最佳窗口"、彰显习近平新时代中国特色社会主义思想磅礴力量的"生动案例"。现在的深圳已成为一座充满魅力、动力、活力、创新力的国际化创新型城市。40年来，深圳人民在党的领导下敢闯敢试、埋头苦干，作为改革开放的"排头兵""示范区"所取得的辉煌成绩是深圳建设全球标杆城市的历史基础。

第二节　深圳国际化创新型城市建设的成就与目标

一　深圳国际化创新型城市建设的机制保障

为保证深圳"加快建设现代化国际化创新型城市"奋斗目标的顺利完成，深圳市在国际化城市建设方面增强了统筹协调和顶层设计，为这一目标的推进提供了机制上的保障。除了上文提及的《行动纲要》总纲文件出台以及开展建设指标体系研究外，深圳市还建立起了由深圳市副市长艾学峰任组长的专责小组，推动落实国际化城市建设的重点工作项目。2015年，深圳市召开"建设更具竞争力影响力的国际化城市专责小组"会议，审议通过《"建设更具竞争力影响力的国际化城市专责小组"工作方案》，研究确定《落实第六次党代会部署推进国际化城市建设重点工作项目》，成立"深圳市国际交流合作基金会"。国际化专责小组工作机制的建立，增强了深圳市国际化建设过程中不同部门之间的协调与配合，而确定重点项目优先推进则明确了国际化建设的主攻方向，深圳市委监察室针对重点工作项目制定了督办工作方案，牵头督办其落实情况。

二 深圳国际化创新型城市建设的重点工作与主要成绩

近年来，深圳市在国际化创新型城市建设方面投入了相当多的资源，在其中一些方面也取得了相当大的成就，主要体现在以下一些方面。

1. 拓展国际航线，助力互联互通。国际航线的拓展被认为是城市国际化水平的一项重要标志。作为一种无形资源，国际航线的开通不仅带来航空旅客吞吐量的快速增长，直接促进航空公司机票收入、国际旅游收入的增加；同时，随着城市国际化和知名度的推动，国际航线的开通还会给经济发展和招商引资带来额外的拉动效应。国际航线的开辟能够带来的经济附加值对城市本身的承接能力、产业结构、资源匹配度和协同度具有较高的要求，就深圳市的客观条件而言，其具备较强的国际承载能力，开辟更多国际航线能够为深圳的国际化建设提供源源不断的动力。

为保证深圳国际航线拓展工作高效有序进行，深圳市出台了国际航运新航点资助政策，鼓励航空公司拓展更多国际航点。2017年，深圳机场紧紧把握粤港澳大湾区发展、珠三角世界级机场群建设、深圳国际化城市建设等外部发展机遇，加快推进国际航空枢纽建设，打造面向亚太、连接欧美的客货运输网络，国际航线发展规模创历年之最。2017年深圳机场运送旅客达4561.1万人次，同比增长8.7%，旅客吞吐量位列国内机场第五。与此同时，深圳机场国际化步伐继续加快，全年新增16个国际客运通航城市。① 到2017年年底，深圳机场国际客运通航城市达到36个。其中，洲际客运通航城市共10个，国际航线共开通46条，已经实现欧美澳直航全覆盖。

2. 配合国家倡议，加强海外港口投资经营。近年来，中国企业在"一带一路"倡议下，加速海外港口布局，深圳在这一方面同样积极主动。以深圳为母港的招商局港口控股有限公司（以下简称"招商局港口"）积极落实"一带一路"合作倡议，加强了对国外港口的投资与合作经营，业务已经覆盖了全球五大洲16个国家的31个港口。招商局港口拥有斯里兰卡科伦坡港与卡汉班托港各85%的股权、拥有土耳其昆波特码头65%的股权并参与运营管理，建设运营了深圳吉布提新港。另外，坦桑尼亚的巴加莫约项目和巴西巴拉纳瓜港口的TCP项目都取得了突破性的进展。

2018年6月14日，招商局港口正式收购澳大利亚东岸最大港口纽卡斯尔港，更是进一步将业务拓展到了大洋洲地区。② 招商局港口以6.075亿澳元（约合38.09亿港元）收购了纽卡斯尔港50%总权益（包括1.625亿澳元股东贷款）。该港口是澳大利亚东岸最大的港口与全球最大的煤炭出口港，其能够与招商局港口现有港口组合所覆盖的港口网络形成互补，并产生协同效应。同时，招商局港口可通过该项收购进一步实现在经营其核心港口业务的同时发展园区及建设配套基础设施，从而构建以港口业务为核心的港口核心生态系统，

---

① 《新增16个国际通航城市，2017深圳国际航线发展规模创历史之最》，南方网，2018年1月24日，http：//kb. southcn. com/content/2018 - 01/24/content_ 180542543. htm。

② 《招商局港口收购澳东最大港口　海外港口投资实现六大洲全覆盖》，http：//yhz. sztb. gov. cn/ghxw/201808/t20180823_ 13962941. htm。

助力招商局港口迈向世界一流的港口综合服务商，为深圳的国际化建设提供重要动力。

3. 面向全球揽才，打造人才高地。人才是第一资源。建设竞争力、影响力卓著的创新引领型全球城市，离不开来自全世界的人才支撑。40 年来，虽然深圳是全国引进人才力度最大的城市之一，吸引了大量"新深圳人"。但深圳与国内外发达城市相比，尤其是在高端人才与尖端人才方面，数量远不如北京、上海，因此深圳在全球揽才方面不断推出新的举措。

中国深圳创新创业国际大赛是深圳进行国际交流与合作的重要平台，影响力逐年提高。2017 年有来自 31 个国家的 1460 个项目报名参赛，这一赛事已成为助力深圳国际科技产业创新中心建设的原动力与引进国际化人才的重要渠道。2018 年 9 月 4 日，深圳市公安局在市局综合服务大厅举行广东省自贸区前海自贸片区外籍人才永久居留身份证首发仪式。澳大利亚籍华人张威获发首张证件，这是广东省首次通过积分评定技术人才颁发广东自贸区外籍人才永久居留身份证，[1]可以预期，在未来将有更多高素质的国际人才参与到深圳的国际化建设中来。

4. 引进海外优势资源，助推教育国际化。近年来，深圳教育国际化进程不断加速，国际人才培养能力得到了切实的提高。深圳教育国际化的发展主要体现在这样几个方面：第一，引进国外优质资源，通过国际合作办学引进世界名校培

---

[1] 《外籍人才可获永久居留身份证 深圳公安颁发首张外籍人才永久居留身份证》，深圳新闻网，2018 年 9 月 4 日，http://www.sznews.com/news/content/2018-09/04/content_20094817.htm。

养本土人才。深圳在全国首创特色学院发展模式，2014年香港中文大学（深圳）正式设立并招生，深圳吉大昆士兰大学、深圳国际太空学院、华南理工—罗格斯大学深圳创新学院、深圳墨尔本生命健康工程学院等一批特色学院也纷纷签约落户深圳。第二，充分发挥深圳市对外开放的"窗口"作用，与几十个国家建立起不同形式的教育交流合作关系，与港澳教育界密切合作，增强国际化教育特别是特色外语教育，培养具有国际视野和竞争力的国际化人才。第三，大力推进国际化学校建设工作，推进港澳台籍、外籍人员子女学校建设，做好国际人才引进的配套服务建设。

5. 推进国际医疗合作，打造"健康中国"深圳样本。近年来，深圳站在国际化的高度，引入国外的优质医疗资源，着力建设国际医疗中心。2014年12月10日，深圳市第二人民医院与国际上最著名的三大癫痫中心之一加拿大麦吉尔大学蒙特利尔神经病学研究所/神经病学医院签订合作协议。双方将共建"加拿大麦吉尔大学蒙特利尔神经病学研究所—深圳功能性脑疾病诊疗中心"，将该所全球一流的功能性脑疾病治疗模式引入深圳，这一中心目前运转良好，深圳的帕金森、癫痫等功能性脑疾病患者"足不出市"即可获得世界上最先进的专科诊疗。2016年5月，深圳市公立医院管理中心和德国汉诺威国际医学创新公司在深圳签署协议，双方将合作建设运营萨米国际医疗中心（深圳），2018年5月该中心正式开始营业，其有望发展建成国际一流的神经科学医疗机构。

6. 整合各方资源，推进国际化社区建设。国际化社区是指来自世界各地、不同国籍的人们聚居或工作所组成的社区。按照国际惯例，外籍人口在城市总人口中所占比例的高低，是衡量城市国际化程度和国际竞争力的指标之一，这一指标也可以用来衡量社区的国际化水平。《深圳市国际化城市建设重点工作计划（2014—2015）》确立推动建设福田东海、水围，罗湖百仕达，南山沿山、水湾，龙华观澜，盐田梅沙，龙岗华为8个国际化社区，其中南山沿山社区是深圳外国人聚居的社区之一，南山六成在深外籍人士都住在这里，占到社区总人口的10%左右。南山沿山社区在国际化社区建设方面取得了重要进展，位于该社区的双玺国际交流中心按照"一站一馆一平台一基地"模式建设，形成了集外国人一站式（签证）办事大厅、中外文化融合交流馆、外国人线上线下管理服务综合平台、国际学校交流基地于一体的国际化交流中心，沿山外国人社区服务站也是全省第一批外国人管理服务站，该站采取了警政系统与社区服务相结合的服务模式，是外籍人士服务领域的一项重要创新。

7. 推进营商环境的国际化接轨。营造更加开放的国际化贸易投资环境，是深圳建设国际化创新型城市的必然要求。率先建设社会主义现代化先行区，深圳提出"必须要有大视野，全面对标全球最高标准"，营商环境正是对标重点之一。深圳在这一方面的主要做法包括放宽外商准入限制、放宽港澳专业人士执业许可、深化自贸区商事改革、深化国际贸易便利化改革、推进通关监管改革，全面落实通关一体化等。

三　深圳国际化创新型城市建设的主要特色

2019年10月14日，深圳标准工作领导小组办公室在世界标准日召开了"标准国际化创新型城市总结大会暨深港澳标准化研讨会"，深圳市在全国率先通过标准国际化创新型城市示范创建验收并取得了良好的工作成效,^① 这意味着深圳成为全国首个国际化创新型城市。深圳的国际化创新型城市建设具有比较鲜明的特点,主要体现在以下几个方面。

1. 经济竞争力强劲。经济领域的对外交往活力往往直接决定一个城市的整体对外交往水平,在融入经济全球化的过程中城市内外部经济要素的互动会大大加强城市经济的外向性发展。深圳经济发展从起步开始就与经济全球化紧密联系在一起,充分利用自身比较优势,持续扩大对外开放,推动了各种国际要素资源的快速聚合。经过 40 年的发展,深圳已初步建立起开放型经济体系,成为中国经济国际化水平最高的城市之一。

综观近年来城市国际化的一些重要指标体系,我们可以发现深圳在国家化创新型城市建设方面取得了相当的成绩。例如,始于 2005 年全球城市竞争力项目(GUCP),由美国巴克内尔大学、中国社会科学院城市与竞争力研究中心等全球多国研究机构学者组成的团队共同开展,其年度发表的《全球城市竞争力报告》利用指标体系和客观数据,从整体上衡量了全球城市竞争力发展格局,讨论了全球城市发展中的重要理论和现实问题。近年来深圳在该报告中的排名不断跃升,在最新的《全球城市竞争力报告 2019—2020:跨入城市的世界 300 年变局》,深圳在"全球城市经济竞争力 200 强(2019—2020)"排行名列第四,仅次于纽约、伦敦和新加坡,在中国城市中排行第一。这一结果的出现,源自全球产业链、全球产业分工出现新变化带来的"全球城市"特征的

---

① 《深圳成为全国首个标准国际化创新型城市 为城市可持续发展和现代化城市治理提供"中国样本"》,《深圳社区报》2019 年 10 月 15 日。

变化，科技和金融正成为影响当前城市竞争力非常重要的因素。

由上海国际问题研究院比较政治和公共政策所发布的《城市对外交往活力指数研究报告》是国内城市对外交往的一个重要指标体系，该报告综合社会、文化、经济与政治四个维度，分析中国49个主要城市（直辖市、省会城市、沿海开放城市、GDP排名全国前20位城市等）的对外交往情况，得出综合排名及四个维度的单项排名，深圳在这一报告2015年版与2018年版上分别居于第十位、第七位，是中国非省会城市中的最高水平。值得注意的是，在该报告中深圳的对外交往经贸活力指数表现突出。

上述指标体现了深圳在国际化创新型城市建设中经济竞争力强劲的特征，体现了其作为中国对外交往的重要国际门户的定位，这为国际化创新型城市建设与迈向全球标杆城市奠定了坚实的基础。

2. 文化与社会领域的国际化建设有较大开拓空间。文化建设是国际化城市建设的必不可少的组成部分，文化对国际化城市建设具有以下几个方面的重要性：第一，文化建设给城市参与更大范围与更深程度的国际交流奠定了人文环境基础，能够推动城市的对外开放。第二，特色文化作为城市的一张"名片"，能够增强城市的国际吸引力与影响力。第三，作为一种产业，文化本身也是国际化城市建设中的重要经济要素，能够为一座城市的经济发展注入活力与动力。作为一个年轻的城市，相对而言深圳文化底蕴还比较薄，彰显中国特色社会主义制度自信的"特区文化"在国际上的声音还比较弱，影响力还有一定的提升空间。作为"全球标杆城市"，从长远来看深圳需要具备在国际上具有吸引力的文化软实力。城市要富有浓厚文化气息，建成一批成规模、有深度的文化设施，定期举办各类国际性重大文化活动，培养一批扎根本土的大师级文化领军人才，形成具有竞争力的数字文化产业和创意文化产业。近年来深圳在国际化城市的文化建设方面采取了许多举措，从城市文化精神、公共设施建设、文化创意产业等多个方面积极推动了城市文化国际化建设，着力补足文化"短板"，取得了显著的成效，对于这些创新性的做法后文中将予以介绍。"具有世界影响力的创新创意之都"这一定位为深圳走向国际化的文化建设提供了重要支撑，深圳是全国第一个获得联合国教科文组织"设计之都"称号的城市，工业设计、平面设计等设计产业与文创产业在全国处在领跑地位，"十三五"规划纲要实施以来文化创意产业成为深圳的四大支柱产业之一，成为深圳经济发展的新动力。在中央支持深圳建设先行示范区建设的意见中强调了深圳要"率先塑造展现社会主义文化繁荣兴盛的现代城市文明"，支持深圳大力发展数字文化产业和创意文化产业，打造一批国际性的中国文化品牌。可以预期深圳在未来将不断激活文化创新创造活力，真正建设文化先行示范区、创建文化强国城市范例，在粤港澳大湾区文化圈中更好地发挥先导作用。

城市治理现代化对推进国家治理体系和治理能力现代化具有重要作用和深远影响，国际化城市建设离不开国际化的社会治理。近年来，深圳在社会治理国际化方向也取得了相当的进步，前文中提及的国际化社区建设是深圳市社会治理国际化的一个重要突破口。2018年，深圳市委外办牵头相关部门成立了课题组，通过专题研讨会、座谈会、深度调研等方式，对标国际先进做法并结合片区规划、产业发展、人才引进等核心要素提出"继续深化国际化社区建设，全力打造国际化街区"的路径探索。2019年，深圳市出台了《关于推进国际化街区建设提升城市国际化水平的实施意见》，并随后召开以"Live Local，Live Global"（越深圳，越国际）为宣传标语的国际化街区建设宣讲交流会，面向公众深度解读新的文件和规划。可以说，深圳通过国际化街区/社区建设撬动了新一轮的全面开放，对未来社会治理新模式起到了引领作用。

3. 粤港澳大湾区建设的重要依托作用。在国际化城市发展中，以城市群组织形式为代表的城镇密集区域是集聚国内、区域内乃至国际经济社会要素的巨大影响空间，粤港澳大湾区位于中国南部，前称珠三角城市群，是中国城市群中经济最有活力、城市化率最高的地区。2019年2月，中共中央与国务院印发《粤港澳大湾区发展规划纲要》，对粤港澳大湾区的未来发展进行了周密部署。① 粤港澳大湾区区位优势明显，背靠内陆，连接港澳，面向东盟，是国际物流运输航线的重要节点和海上丝绸之路的重要枢纽；是中国经济开放程度最高、创新能力和经济活力最强的区域。深圳是粤港澳大湾区的核心引擎城市，粤港澳大湾区巨大城市带的发展潜力和前景，为深圳成为全球标杆城市创造了区域基础。未来，随着粤港澳合作的进一步深化与大湾区营商环境的持续改善，大湾区将继续形成全方位开放格局，共创国际经济贸易合作新优势，为"一带一路"建设等国家重要对外部署提供有力支撑。

---

① 《中共中央　国务院印发〈粤港澳大湾区发展规划纲要〉》，中国政府网，2019年2月18日，http://www.gov.cn/gongbao/content/2019/content_5370836.htm。

第三节 城市对外交往与深圳的国际化建设

一 开启联通世界的"鹏友圈":深圳市的友好城市交往

国际友好城市的数量与交往质量,往往被看作一个城市对外开放程度与国际化程度的重要标志。国际友好城市在增进与所在国政治关系的发展、经济联系的增强、文化交往的深入与配合国家外交布局等方面均有着重要和独特的作用,深圳大力开展国际友城工作,不断地将友好城市务实合作推向深入,有力地促进了深圳国际化城市建设,拓宽了深圳的"鹏友圈",为深圳的经济社会发展做出了积极的贡献。

1. 开拓国际友城,升级布局网络。40年来,深圳积极建设国际友好城市网络,提高对外开放的质量与水平,有力拓展了自身的国际合作空间。1986年3月11日,深圳缔结了第一个国际友好城市美国休斯敦,此后不断开拓国际友好城市,升级其布局网络,到2017年年底深圳已经同五大洲55个国家的85个城市建立起了友好关系,名副其实地做到了"鹏友遍天下"。

2. 深挖重点领域,深化务实合作。深圳在积极拓展新的国际友好城市的同时,注重与传统友城开展务实合作,并结合友好城市自身的特色与优势领域,深度挖掘重点领域的合作潜力,把友城工作真正落到实处。例如,2017年5月,德国纽伦堡市市长乌里希·马力一行来访宝安,并对深圳一电科技进行了考察,就深圳与纽伦堡中小企业的对接与合作进行了探讨。同年7月深圳宝安区政府代表团应邀在德国纽伦堡和汉诺威举办经贸推介会并出席巴伐利亚亚太论坛。2017年8月，美国密歇根州州长里克·斯奈德来访深圳，双方就加快共建"深密中心"，深化电信、汽车等领域的全链条合作达成了一致。2017年3月与11月，日本筑波市市长五十岚立青先后率市政府、市议会代表团到访深圳，就筑波与深圳在科技领域加强合作达成诸多共识。

二 形成人心相通的"生态圈"：深圳友城品牌和品牌建设

深圳在友城工作中精心打造了大量品牌活动，着力巩固友城人民情谊。这些品牌活动使得友好城市不再停留在纸面上，而是通过人与人之间的实际交流"活"了过来，大大增进了友好城市之间的人心相通，可以说是深圳在友城工作方面的重要创新。目前，深圳已逐步形成了以具体项目带动友城交往、以多边平台集聚友城资源的国际友城"生态圈"。

1. 国际友城文化艺术周。深圳市外办与深圳市文体局共同举办的"国际友城文化艺术周"到2017年已经开展了六届，该活动以"友城搭台，文化艺术唱戏"的方式推动深圳与友好城市的交往，是增进国际友城市民友情、营造国际化城市文化环境的重要手段。2017年11月28日至12月8日召开的第六届"友城文化周"设立了开幕式以及"眼睛的旅行—视觉艺术""友城之声、舞动鹏城""国际友城嘉年华""国际友城艺术工作坊"四大板块，邀请了来自9个国家的11个国际友好艺术团体、162名友好艺术家在深圳开展了12场演出与艺术活动，大大促进了友城与深圳之间的人文交流。

2. 国际友城联络员会议。国际友城联络员会议是深圳外事工作实践中取得的一项重要创新,其最大限度地发挥了人本身的作用,以外办主任和友城联络员之间的面对面沟通带动彼此间的合作增长点,使得程式性、常规性的友城联络工作具备了实际的内涵。

2017年,深圳外办共邀请来自14个国家的16个友好城市中的32名外办主任和联络员来深圳参加会议,考察深圳科技、教育、文化等领域的重点项目,并且同深圳的十多位企业代表进行了交流。友城联络员参观访问期间与深圳企业深入交流对接,探讨加强合作的领域和项目,商谈未来合作计划,为推进深圳与国际友城联络员所在地的经贸、教育、文化等各领域的交流合作、互利共赢打下基础。友好城市联络员会议不仅为深圳与友城之间的务实合作提供了新的增长平台,泰国曼谷等城市也对这样一种常规化的友城合作交往的模式表现出了兴趣,该会议有望成为成功向外推广的友城交往实践。

3. 友城周年活动。鉴于深圳已经拥有了一定规模的"鹏友圈",部分友城之间的交往也已绵延多年,深圳也通过友城周年系列活动巩固与部分传统友城之间的友好往来关系。2017年,深圳先后举办了深圳—布里斯班结好25周年、深圳—纽伦堡结好20周年系列活动。深圳与友城相关部门通力合作,共同举办了深圳城市形象推介会、高交会纽伦堡海外分会,邀请纽伦堡交响乐团参加第六届深圳国际友城文化艺术周演出,举办布里斯班(深圳)国际创意孵化中心成立仪式,参加海南航空深圳—布里斯班首航仪式等活动,以周年为契机将深圳与相关友城之间的友好交往推上了一个新台阶。

2019年5月,深圳国际友城智慧城市论坛召开。深圳市领导、华为高管与智慧城市专家、全球智慧城市建设先进城市代表、联合国人居环境署、专家学者及其他高科技企业分享了智慧城市领域最新发展理念与实践，这次论坛推动深圳与相关国家和地区，特别是友好城市智慧化、数字化建设领域的务实交流与合作，同时体现了深圳国际友好城市合作进一步务实与创新发展。

4. 资助友城青年留学交流。2011年，深圳举办了第26届世界大学生夏季运动会并且在这一年设立了"大运留学基金"。该基金每年定向资助国际友城青年在深圳大学进行一年的学习，资助对象主要为友城大学本科二年级以上在读学生或者在职公职人员，申请就读本科与研究生课程的资助金额分别为4万元人民币/年与4.5万元人民币/年。2012—2017年，"大运留学基金"资助了多个友城的39名青年来深圳学习，在青年一代播撒下了友谊的种子。

三　彰显开放气象：国际会议与承接主场外交

1. 统筹协调常规大型外事活动，助力城市对外开放水平不断提升。举办高端国际会议、国际会展的数量与分量是城市国际化与对外交往活力的一个重要指标，近年来深圳主要统筹协调的常规大型外事活动包括国际人才交流会、文博会、国际低碳城市论坛、高交会、时装周、设计周等，这些大规模的国际会议与外事活动对助力深圳国际知名度、影响力以及城市对外开放水平的不断提升，具有重要的意义。

2. 向世界政党展示改革开放40周年经验成果：2018年中国共产党与世界政党高层对话会专题会议。中国共产党与世界政党高层对话会专题会议于2018年5月26日在深圳成功举办，本次专题会议由中共中央外联部和中共广东省委主办、深圳市委承办，包括一系列专题活动。据不完全统计，共有来自114个国家与地区的207个政党和组织的503名政党领导人与会。这是继2017年11月中国共产党与世界政党高层对话会在京召开之后，首次在地方举办专题会议。改革开放40多年来，中国社会经济发展之快被世界称为"奇迹"。在这一大背景下，邀请全球政党来到改革开放的前沿阵地深圳分享和探讨改革开放的经验，贡献中国智慧和中国方案，具有非常独特的意义，这也是近年来深圳市承接主场外交活动的一次重要实践，积累了重要的经验。

四 国际交流合作基金会与深圳的民间对外交往

2014年12月，深圳市国际合作交流基金会注册成立，该基金会由深圳市财政注资1000万元人民币启动，是深圳唯一由政府主导、旨在促进国际交流合作的非公募公益基金会。基金会以"整合社会资源，深入推动深圳国际交流与合作，推进国际化城市建设为宗旨"，坚持公益性质并且按照"来源于社会，服务于社会"的原则，专项资助开展或者参与国际友城合作、学术研究、咨询培养、城市推介、会议研讨以及文体赛事等国际交流与民间往来活动，奖励推动深圳国际化城市建设、开展国际交流合作中做出显著贡献的团体与个人。

这是国内首个以国际交流合作为主题的城市级基金会，通过"自主品牌项目"和"资助项目"双驱动模式，汇聚社会力量引领深圳市民间对外交往。成立以来持续开发自主品牌与资助项目共计60余个，推动国际交流合作活动240余场，对外交流足迹遍及六大洲、20个国家、28座城市。基金会在政府主导下，有效地、有序地引导企业与民间参与到深圳的对外交往事业中，以项目为中心有效地整合了社会力量，并且同部分国际组织、海外机构形成了良好的互动关系，将深圳的创新力量注入全球化发展的脉络中。

第四节　对外文化交往与深圳形象的对外传播

一　打造国际化形象品牌活动

1. 借力"深圳国际形象大使"推介深圳。2012年开始，深圳市结合"深圳国际形象大使"郎朗的全球巡演，创立了品牌活动"聆听深圳——郎朗与他的城市"，利用中德建交40周年、2012年奥运会、中法建交50周年、2015年世博会等重大国际活动，在诸多国际知名城市举行了多场深圳国际形象推介活动。这些会以音乐作为桥梁、文化作为纽带，透过郎朗良好的国际声誉与影响力，向西方主流社会阶层推介深圳，很好地提升深圳的国际知名度与美誉度。为进一步扩大郎朗"深圳国际形象大使"的宣传辐射作用，深圳还制作了郎朗形象的国际化城市建设宣传片、深圳国际形象推广宣传礼盒等，全方位立体式地向全球推介深圳。这种宣传模式有效地将郎朗的个人形象与深圳的城市形象相结合，以一种更加符合国际受众偏好的方式宣传深圳，取得了良好的国际传播效果。

2. 打造"一带一路"国际音乐季文化品牌。为响应国家"一带一路"倡议，落实《深圳文化创新发展2020（实施方案)》，建设与现代化国际化创新型城市和国际科技、产业创新中心相匹配的文化强市，2017年起深圳开始举办"一带一路"国际音乐季活动，这项活动填补了深圳高端国际性音乐节庆活动的空白，树立了又一新的城市国际文化品牌。

2018年、2019年"一带一路"音乐季活动持续举办，在受邀团组数量、参演艺术家人数、演出活动场次方面，本届音乐季都有了显著提升。

3. "深圳设计周"与"深圳文化周"。文化是城市发展的根脉和灵魂，决定着城市的命运和未来。近年来，深圳的城市文化品位持续攀升，开展了一系列品牌性的国际文化交流活动。2017年4月21日至28日，"2017深圳设计周"圆满举办。来自18个国家和地区、2000多件国际优秀设计作品参展，国际设计理事会主席大卫·格罗斯曼、世界设计组织主席路易莎·波切托等出席。"深圳设计周"标志着深圳在迈向全球设计界制高点的征途中开始主动发声，这也是深圳设计与国际接轨，推进传统产业升级的重要实践。同年9月29日至10月3日，"深圳国际文化周暨深圳国际形象推介会北美专场"相继在加拿大多伦多和美国纽约精彩呈现。在这项活动中深圳整合了外宣、外事、文化、创新等有关资源，探索出了又一条进行城市推介与对外宣传的路径。这次活动赢得全球瞩目，加拿大联邦总理贾斯廷·特鲁多专门致以贺信，祝愿活动为深圳与多伦多展开互利共赢的经贸往来，开启一个全新的未来，众多参议员、国会议员出席。这两项活动以设计、文化创意为平台，融合科技与文化、传统与现代、线上与线下、政府与民间，有效地提升了深圳的国际形象传播。

2018—2019年，"深圳设计周"还引入了主宾国机制，分别以意大利与英国作为主宾国,深化了城市间的文化交流,使得深圳进一步朝着具有世界影响力的创新创意之都定位迈进。

二 提升城市形象的软环境建设

1. 推进城市国际语言环境建设。城市国际化进程中多语种服务环境是其中相当重要的一个环节,在一定程度上也是国际化的重要体现。深圳在语言环境建设方面主要采取了三点做法:第一是推进落实"公示规范英文标志",组织中外专家与媒体记者组成督查小组定期开展专项纠错督查行动。第二是开展各种形式的市民外语学习活动。第三是在公示语译写、行业英语服务方面制定必要的标准,营造国际化城市建设所需的语言环境。

2. 开展国际礼仪宣传推广活动。随着全球化使得各国人民之间的联系日益紧密,一个国家公民在涉外场合的行为举止越来越同国家的形象联系在一起,对于国际化城市而言,熟悉国际礼仪也变得日益重要。深圳在国际礼仪宣传推广方面也投入了大量的努力,例如编制《鹏城国际礼仪小达人》丛书,以中小学和高端文化场所为重点推广国际礼仪,提升市民国际交往能力与城市的国际亲和力。

第五节 服务国家整体外交布局,积极响应"一带一路"建设

为配合国家整体布局,深圳同样成立了"一带一路"工

作小组，协调推进"一带一路"外事工作。2015年年初，深圳发改委、经信委与外办共同撰写了服务国家"一带一路"倡议的实施方案。近年来，深圳在推进"一带一路"外事工作领域付出了大量努力，在友好城市交流方面注重向"一带一路"沿线国家拓展，配合国家外交布局在重点国家与地区（斯里兰卡、巴布亚新几内亚等）展开特色活动与务实合作。例如，深圳组织医疗机构前往斯里兰卡首都科伦坡开展"一带一路·光明行"公益活动，为当地市民免费提供唇腭裂手术与白内障复明手术，推动了与"一带一路"沿线国家医疗合作的深度，巩固与加深了同沿线国家人民之间的情谊。身患复杂疾病的斯里兰卡畸形儿童Dulen在斯里兰卡四处求医无果，2014年被斯里兰卡国内公益基金会介绍到了"一带一路·光明行"活动的医生处，医生与国内基金会联络全程资助接治患儿所产生的一切费用，除治疗费外，还包括患儿及其父母、陪护人员的住宿费、伙食费、交通费等，深圳义工联还帮助其提供了爱心翻译。最终Dulen的手术成功重获新生，这一事件在斯里兰卡国内引发了强烈反响，这种有"温度"的交往真正将人心相通做到了实处，赢得了斯里兰卡人民发自内心的认同。

作为深圳"一带一路"重点项目之一，"深系澜湄"项目也于2019年顺利开局。3月，深圳代表团与柬埔寨民间社会组织联盟论坛（CSAF）在柬埔寨共同举办"深系澜湄"年度合作项目启动以及集体签约仪式，"深系澜湄光明行"项目年内将在当地进行17次筛查，为150名贫困白内障患者提供免费手术。此外，深圳还通过国际交流合作基金会开展"湄公河太阳村"二期项目合作备忘录、号召民间力量开展教育援助等诸多活动，以一批实实在在惠及民心的项目促进了当地的发展，有助于夯实中柬命运共同体的基础。

深化与港澳合作，打造"一带一路"倡议下粤港澳大湾区的枢纽城市构成了深圳开放型经济体系的崭新格局，也从另一侧面反映了深圳融入全球化过程中顺势而为、谋势而动的"新常态"。截至2017年，深圳已有137个项目布局于38个"一带一路"沿线国家，集中于信息通信、能源电力、专用机械等产业高端领域。以《深圳市落实"一带一路"倡议经贸合作工作方案》为指引，深圳正以东盟经济带为重点核心区，以南太平洋经济带为潜力区布局91个经贸合作项目，"一带一路"的经贸窗口效应凸显。依托粤港澳大湾区，深圳正以交通互联、经贸合作、人文交流为重点，着力打造"21世纪海上丝绸之路"枢纽，努力在"一带一路"建设中发挥战略枢纽作用，推动形成全方位、多层次合作新格局。

深圳是一座因改革而闻名的城市。开放使它走向世界，并融入国际经济之中，国际化程度在一定程度上决定着深圳未来发展的高度。尽管国际化创新型城市是近年来深圳才明确的定位与发展方向，但深圳与外部世界的交往贯穿于改革开放的历程，深圳是中国对外交往的重要门户与改革开放的缩影。经历了40年改革开放，深圳在不断的改革创新中实现着新角色的转换。深圳过去是第三世界国家认识中国、学习中国的"窗口"，当下的深圳吸引的已经不仅仅是发展中国家的目光，2018年5月25日德国总理默克尔抵达深圳访问，她表示"中国的经济开放从深圳起步，所以我十分有兴趣访问这座充满活力的城市"。默克尔总理到访中国改革开放的前沿——深圳，体现了德国参与中国新一轮改革开放的积极态度。

深圳经济特区作为中国改革开放的重要窗口，各项事业取得显著成绩，已成为一座充满魅力、动力、活力、创新力的国际化创新型城市。中国特色社会主义进入新时代，支持深圳高举新时代改革开放旗帜、建设中国特色社会主义先行示范区成为改革开放新的历史起点上的重要历史使命。在朝着深圳中国特色社会主义先行示范区建设目标前进的历程中，深圳努力创建着社会主义现代化强国的城市范例：

——现代化经济体系建设方面，创新驱动型发展将成为深圳进一步发展的目标，战略性新兴产业发展的步伐不断提速，随着粤港澳大湾区建设这条未来之路的铺就，深圳的全方位对外格局将日益行稳致远。

——法治环境方面，深圳民主法治建设水平将进一步完善，依法展开政府管理与服务也必将更加完备，社会公共治理现代化、智能化、专业化水平加速提升。

——民生发展方面，教育、医疗以及社会保障方面的先行先试将更加健全，"来了就是深圳人"将进一步落到实处。

——人与自然和谐共生方面，深圳的生态文明制度将进一步完善，构建城市绿色发展新格局不断加速，打造"美丽中国"典范的目标已不再遥远。

——现代城市文明建设方面，随着城市精神文明建设全面推进与开放多元、兼容并蓄的城市文化和敢闯敢试、敢为人先、埋头苦干的特区精神的弘扬，以及数字文化产业和创意文化产业的大力发展，"文化荒漠"已经开始转变为社会主义文化繁荣兴盛的前沿。

——落实新时代党的建设总要求，坚持把党的政治建设摆在首位，全面加强党的领导和党的建设是深圳迈向中国特色社会主义先行示范区建设的根本性保障，深圳在加强与改进党的建设方面积累了一系列可圈可点的经验。

在未来，深圳应以国际的视野和战略的思维，进一步提升经济、社会、文化、生态和城市发展质量，逐步建设成为具有较强国际竞争力和影响力的经济中心城市、较高城市生态环境和社会管理水平的和谐城市、鲜明的城市特征又兼容多元文化的开放城市、健全创新体系和要素集聚的创新城市，最终以更加昂扬的姿态屹立于世界先进城市之林，成为竞争力、创新力、影响力卓著的全球标杆城市。

第十一章 从"改革开放排头兵"到"先行示范区":40年后再出发

2019年8月,《中共中央 国务院关于支持深圳建设中国特色社会主义先行示范区的意见》(以下简称《意见》)正式出台。《意见》充分体现了习近平总书记和党中央对深圳工作的高度重视和对深圳特区的最新战略定位,也标志着深圳改革发展进入了全新的历史阶段。过去40年,深圳作为中国改革开放的排头兵与重要窗口,取得了举世瞩目的发展成就。进入新时代,《意见》为深圳赋予了建设中国特色社会主义先行示范区的新使命,为深圳建设全球标杆城市做出了科学的顶层设计与具体战略部署,提供了政策支持。《意见》明确提出以下五点要求:第一,率先建设体现高质量发展要求的现代化经济体系;第二,率先营造彰显公平正义的民主法治环境;第三,率先塑造展现社会主义文化繁荣兴盛的现代城市文明;第四,率先形成共建共治共享共同富裕的民生发展格局;第五,率先打造人与自然和谐共生的美丽中国典范。这五点要求也对应了《意见》中的五个战略定位,可以说,从"改革开放排头兵"到"先行示范区"是党和国家对深圳寄予的殷切希望,这意味着在未来深圳要继续开拓创新,总结成功经验,以自身的实践为其他城市提供借鉴。由此,深圳将全面开启建设中国特色社会主义先行示范区的新征程。

第一节 打造高质量发展高地

深化供给侧结构性改革,实施创新驱动发展战略,建设现代化经济体系,在构建高质量发展的体制机制上走在全国前列。通过协同发展构建现代产业体系,党的十九大报告指出,现代产业体系是"实体经济、科技创新、现代金融、人力资源协同发展的产业体系"。目前,深圳的实体经济主要由高新技术产业、战略性新兴产业、传统优势产业构成。2018年,深圳高新技术产业增加值8296.63亿元,占GDP比重为34.25%;战略性新兴产业增加值9155.18亿元,占GDP比重为37.8%。然而,要素在实体经济中高效流动的体制机制有待健全,例如,科技创新的融合(特别是与传统产业的融合)、现代金融的助推、本地人才的供给等方面存在不足,实体经济与要素配置的协同效应还没有完全被激发出来。需要以供给侧结构性改革为主线,在金融创新、"双一流"大学创建、鼓励创新的体制机制上继续"敢闯敢试",加快构建实体经济、科技创新、现代金融、人力资源协同发展的现代产业体系,并发挥先行示范效应。通过推动核心科技发展,加快实施创新驱动发展战略。深圳未来要成为全国乃至全球创新驱动发展的先行示范区,需补齐基础研究和应用基础研究短板,必须推动引领型科技发展,需聚集一批全球优秀的引领型人才或团队。《意见》在支持深圳境外人才引进、出入境管理制度等方面持更加开放便利的态度，特别是港澳人才来深圳创业可直接享受"市民待遇"。另外，深圳应预防高房价、高租金对人才和高科技企业的"挤出效应"，并研究吸引、稳定高端人才和高科技企业的楼市长效机制。

第二节　引领法治城市示范

深圳建设，法治先行。《意见》指出："全面提升法治建设水平，用法治规范政府和市场边界，营造稳定公平透明、可预期的国际一流法治化营商环境。"《意见》提出了深圳未来发展的"五大战略定位"，延续了党的十九大制定的"五位一体"总体布局，进一步提出深圳在法治建设方面的总体目标。《意见》要求深圳在制度建设、法治环境、治理体系与治理能力现代化等方面要有新的探索。实践中，深圳在营商环境领域、城市规划建设领域、大数据应用领域、监管领域要"用足用好经济特区立法权"，全面提升民主法治建设水平，为深圳发挥示范区优势留足制度空间。以科技创新为法治建设赋能，法治建设与科技创新相互促进，在科技创新进程中不断完善法治，应成为深圳打造法治城市示范的一大特色。

2020年初新冠疫情暴发，为应对新冠疫情，深圳出台了新的举措，其多年来努力推进的法治政府、法治城市建设体系在应对疫情面前效果显现。深圳始终坚持运用法治思维和法治方式开展疫情防控工作。2020年1月28日，深圳市司法局会同有关执法单位编制发布《新型冠状病毒感染疫情防控期间重点领域行政执法工作指引》。《工作指引》对防疫主要涉及的卫生健康、市场监管、治安、环境保护等领域的行政执法，明确了基本原则和查处要点，并详细列明相关法律依据，第一时间为执法机关更新了规范执法的"导航图"。深圳市普法办率先在全省编写《新型冠状病毒感染疫情防控法律知识问答》，梳理出疫情防治、政府管控、刑事责任、对劳动关系的影响等方面的问题，并逐一给出法条、条例解释和行为指引。疫情防控期间，深圳开通了线上法律咨询，法律援助申请、公证服务、司法鉴定、在线云调解等举措，行政复议也可通过邮寄方式提出复议申请。立法方面，2020年2月25日，深圳市人大常委会公布了《深圳经济特区全面禁止食用野生动物条例（草案征求意见稿）》，从源头上控制重大公共卫生风险，保障公众身体健康与生命安全。

危机中能否遵循法治是衡量一个城市法治成熟度的关键。在这次新冠疫情面前，法治成为深圳增强全社会的"免疫力""战斗力"。深圳通过严格依法防疫，彰显了城市法治的深度和宽度。与此同时，深圳也没有停下其他法治建设的步伐。2020年5月至6月，深圳市人大常委先后发布《深圳经济特区平安建设条例（草案修改一稿）》《深圳经济特区个人破产条例（征求意见稿）》《深圳经济特区知识产权保护条例修正案（草案修改征求意见稿）》《深圳经济特区科技创新条例（征求意见稿）》公开征求意见的公告。这些立法活动继续为营造深圳彰显公平正义的民主法治环境提供坚实的法律基础。

回首改革开放40多年深圳法治建设历程，诸多"深圳样本"闪烁着熠熠光辉。从立法到执法再到司法，深圳始终以法治思维和法治方式来全面推进法治建设，走出了一条以改革推进法治发展、以法治引领和保障改革发展的成功道路。深圳在构建法治城市、法治政府的过程中最重要的经验就是党的领导。在党的领导下，深圳以规则治理将系统治理、综合治理与源头治理有机衔接，生成法律权威的基础，形成法治秩序的环境。党的领导使得深圳法治建设提质加速，司法改革蹄疾步稳，依法行政勇毅笃行，法治理念深入人心，让法治政府变成了现实。法治已成为这座年轻城市的鲜明印记。新时期，在习近平新时代中国特色社会主义思想的指导下，深圳将继续全面提升民主法治建设水平，用足用好经济特区立法权，为改革创新提供更大自由度，营造更加稳定公平透明、可预期的国际一流法治化营商环境，为创新驱动提供法治保障，为国家治理体系和治理能力现代化提供实践经验，为中国法治发展提供有效的范本，在建设"法治中国示范城市"的征程上砥砺前行。

第三节　塑造城市文明典范

《意见》将城市文明典范作为深圳的战略定位之一，要求深圳践行社会主义核心价值观，构建高水平的公共文化服务体系和现代文化产业体系，成为新时代举旗帜、聚民心、育新人、兴文化、展形象的引领者，率先塑造展现社会主义文化繁荣兴盛的现代城市文明。

当前，在努力建设中国特色社会主义先行示范区，紧抓粤港澳大湾区建设机遇当中，深圳承担起社会主义先进文化的践行者和引领者这一使命，将遵循《意见》给出的路线图，聚焦城市文明典范，以文化创新发展激发全社会文化创造活力，一个阶段一个阶段往前推进，一步一步把美好蓝图变为现实。

一是全面推进城市精神文明建设。以社会主义核心价值观为引领，充分发挥开放多元、兼容并蓄的城市文化和敢闯敢试、敢为人先、埋头苦干的特区精神的优势；提炼新时代深圳精神，并使其转化为市民的奋斗动力和自觉行动。同时，进一步将创新发展和创新文化结合起来，使深圳移民、包容性文化不断发扬光大，吸引更广泛的人才和创新资源。大力弘扬粤港澳大湾区人文精神，把社会主义核心价值观融入社会发展各方面，加快建设区域文化中心城市和彰显国家文化软实力的现代文明之城。鼓励深圳与香港、澳门联合举办多种形式的文化艺术活动，开展跨界重大文化遗产保护，涵养同宗同源的文化底蕴，不断增强港澳同胞的认同感、凝聚力和向心力。

二是进一步创新文化体制机制，大幅提升文化软实力，构建高水平的公共文化服务体系和现代文化产业体系，率先建成普惠性、高质量、可持续的城市公共文化服务体系，发展更具竞争力的文化产业和旅游业。文明城市的建设也应以文化产业为支撑，大力发展文化产业，是塑造城市文明典范的必经之路，也是提高城市发展质量、提升综合实力的关键之举。具体来讲，深圳需要在创新创意上不断深挖，大力培育新型文化业态，大力发展数字文化产业和创意文化产业，打造创新品牌，深化品牌效应；用好香港、澳门会展资源和行业优势；推动文化和旅游融合发展。

第四节 树立民生幸福标杆

《意见》明确将民生幸福标杆作为深圳的五大战略定位之一。要求深圳未来要着力"构建优质均衡的公共服务体系，建成全覆盖可持续的社会保障体系，实现幼有善育、学有优教、劳有厚得、病有良医、老有颐养、住有宜居、弱有众扶"，"率先形成共建共治共享共同富裕的民生发展格局"。增进民生福祉、满足人民对幸福生活的渴望，无疑是一切发展的根本目的，经济发展成果未来应当更多更公平惠及全体人民，让人民充分享有获得感、幸福感、安全感。"善、优、厚、良、颐、宜、众"，无疑是党和国家对深圳这座充满活力的城市提出的至高要求。

展望未来，按照《意见》的要求，深圳需要在社会治理方面进一步总结成功经验，找准问题，补足短板，提升水平，做出更大贡献。

第一，进一步优化政府管理和服务，打造法治型、智慧型、公共服务型政府。继续推进"数字政府"改革建设，扩大数字化、网络化、智能化管理和服务的覆盖事项和覆盖人群，实现更主动、更精准、整体式的政府管理和服务。加快建设智慧城市，依托粤港澳大湾区建设，搭建大数据中心。

第二，进一步促进社会治理现代化。综合应用大数据、云计算、人工智能等技术，将科技转化更多更快地运用在社会治理中，以人为本，提高社会治理智能化专业化水平。加强基层治理，在社会组织良性多元发展并已经成为基层治理重要力量的基础上，继续改革创新群团组织、社会力量参与社会治理模式。

第三，进一步完善社会保障体系，逐步实现常住人口基本公共服务均等化。推动统一的社会保险公共服务平台率先落地，形成以社会保险卡为载体的"一卡通"服务管理模式。配合粤港澳大湾区建设，推进在深圳工作和生活的港澳居民民生方面享有"市民待遇"，共享发展成果，参与社会共治。继续提升学前教育和义务教育水平，在教育体制改革方面敢于先行先试。继续引进海内外高精尖科技人才和高端学术人才，提升高等教育办学和研究水准。加快构建国际一流的整合型优质医疗服务体系和以促进健康为导向的创新型医保制度。扩大优质医疗卫生资源供给，鼓励社会力量发展高水平医疗机构，为港资澳资医疗机构发展提供便利。探索建立与国际接轨的医学人才培养、医院评审认证标准体系，放宽境外医师到内地执业限制，先行先试国际前沿医疗技术。建设智慧化养老服务平台，同时发展嵌入式养老服务，扶持发展各类居家养老服务志愿组织，鼓励和支持互助养老。探索建立多渠道筹资、可持续运行的长期护理保险制度。建立和完善房地产市场平稳健康发展长效机制，加快完善保障性住房与人才住房制度。

总之，发展为了人民、发展依靠人民、发展成果由人民共享，民生改善是经济发展的初衷和落脚点。经过40多年的跨越式发展，深圳实现了一个又一个奇迹。当前，无论是从国际经济政治形势，还是从国内发展环境来看，深圳的发展都面临着新的历史机遇。深圳一定要牢牢把握机遇，不负厚望，贯彻落实好《意见》的总体要求，总结发展经验，努力提升社会治理现代化水平，率先形成共建共治共享共同富裕的民生发展格局，为全国其他城市做好表率。

第五节　打造可持续发展先锋

《意见》明确深圳"可持续发展先锋"的战略定位，并提出"率先打造人与自然和谐共生的美丽中国典范"。学习《意见》精神，应准确领会可持续发展先锋的定位，牢固树立和践行绿水青山就是金山银山的理念，加快建设生态文明高度发达的中国特色社会主义现代化先行区，打造安全高效的生产空间、舒适宜居的生活空间、碧水蓝天的生态空间，率先打造人与自然和谐共生的美丽中国典范，在美丽湾区建设中走在前列，为落实联合国2030年可持续发展议程提供中国经验，为世界提供一种发展模式的视野和高度，谋划中国特色社会主义先行示范区和社会主义现代化强国的城市范例的生态环境工作，对标并超越国际最先进、最发达城市，构建深圳建设中国特色社会主义先行示范区的生态文明目标，系统谋划中长期规划，充分发挥好示范引领作用，创造更多可复制可推广的经验，打造可持续发展的中国样板。

实现高质量发展与可持续发展需要协同并进，对于深圳来说，这两者都需要能源转型作为支撑基础。具体来说，深圳要抓住建设社会主义先行示范区的机遇，继续实施能源消耗总量和强度双控行动，探索超大城市能源集约利用的模式，打造可持续发展的先锋。

一是构建能源集约化利用的制度和管理体系。构建完善的能源、碳排放控制责任制度体系和严格、细致的总量控制目标分解、考评体系。建设能源领域深度脱碳的技术标准体系，加快试点项目实施和示范技术推广。加强建筑、交通、工业、商业等重点领域的节能管理，积极打造节能服务体系，推广能效标识管理、节能产品认证管理。

二是从供给和需求两侧双向出发，推进能源清洁转型，加快天然气和可再生能源利用，安全高效发展核电，积极探索氢能利用，大力推进煤炭清洁高效利用，不断提高清洁能源比重，提升电气化水平，提高电力在终端能源消费结构中的比重。

三是完善生态文明体制机制，实行最严格的生态环境保护制度，深化自然资源管理制度改革，构建以绿色发展为导向的生态文明评价考核体系。构建城市绿色发展新格局，实施重要生态系统保护和修复重大工程，提升城市灾害防御能力，建立绿色低碳循环发展的经济体系，大力发展绿色产业，倡导绿色消费、绿色生活，让城市的水更清、天更蓝、地更绿、生态环境更优美。

第六节　加强新时代党的建设创新，为先行示范区建设提供坚强保证

中国共产党的领导是中国特色社会主义最本质的特征，在统揽伟大斗争、伟大工程、伟大事业、伟大梦想中，起决定性作用的是新时代党的建设新的伟大工程。也就是说，新时代党的建设能否搞好决定了中国特色社会主义事业的成败。

同理，对于深圳来讲，党的建设能否搞好决定着建设中国特色社会主义先行示范区的成败。中国特色社会主义先行示范区的新使命和新命题为深圳党建工作提出新的要求。《意见》指出："全面加强党的领导和党的建设。落实新时代党的建设总要求，坚持把党的政治建设摆在首位，增强'四个意识'，坚定'四个自信'，做到'两个维护'。贯彻落实新时代党的组织路线，激励特区干部新时代新担当新作为。坚定不移推动全面从严治党向纵深发展，持之以恒正风肃纪反腐。"深圳市委、市政府印发的《行动方案》指出："全面加强党的领导和党的建设。落实新时代党的建设总要求，增强'四个意识'，坚定'四个自信'，做到'两个维护'。坚持以政治建设为统领，提高各级党委把方向、谋大局、定政策、促改革的能力和定力。坚持正风肃纪反腐，以自我革命精神推进全面从严治党。激励特区干部新时代新担当新作为，大力选拔敢于担当作为，善于改革创新，在先行示范区建设中敢闯敢试，表现优秀的干部。坚持加强基层党组织建设，引导广大党员充分发挥先锋模范作用。"可见，无论党中央还是深圳市委都强调了党的建设对于先行示范区建设的重要保障作用。建设先行示范区赋予深圳党建新的时代内涵和使命要求。

一 全面加强党的建设，把准先行示范区建设的航向

中国特色社会主义先行示范区，其中，中国特色社会主义是先行示范区的本质规定性。全面加强的建设，就是要始终保持先行示范区朝着中国特色社会主义的方向前进。先行先试，就会面临许多新情况新问题，就要突破原有的做法，因循守旧不可能做到先行示范，但是无论如何创新，都不能

脱离中国特色社会主义的正确航向。2019年9月17日召开的中共深圳市委六届十二次全会强调，要以更高更严的标准全面加强党的领导和党的建设，树牢"抓好党建就是最大政绩"理念，为建设中国特色社会主义先行示范区提供坚强保证。这就要求深圳各级党委坚持以政治建设为统领，把党的政治建设摆在首位，以习近平新时代建设中国特色社会主义思想为指导，不断提高政治站位，不断提高把方向、谋大局、定政策、促改革的能力和定力。这就需要深圳各级党委弘扬自我革命精神，坚定不移推动全面从严治党向纵深发展，持之以恒正风肃纪反腐，维护公平正义的底线，呵护改革创新的品格，努力打造向世界彰显中国共产党先进性、纯洁性的"精彩样板"，确保深圳各级党委和政府廉洁、高效、务实、尚法，保障治理体系和治理能力现代化建设先行示范。

二 探索党建新做法，为新时代党的建设新的伟大工程先行示范

建设先行示范区，为深圳党建提出新要求，同时也为深圳党建提供了新的实践场景。在先行示范区建设进程中，深圳经济社会发展会出现新情况，遇到新问题，深圳要积极探索符合新的发展实际要求的党建新做法，深刻把握党的建设规律，彰显新时代党的建设新的伟大工程新成就，努力打造向世界彰显中国共产党先进性、纯洁性的"精彩样板"，为新时代党的建设新的伟大工程积累经验。

深圳要建设竞争力、创新力、影响力卓著的全球标杆城市，国际化程度将大幅提升，国际交流和国际合作将更加深入和广泛，党的建设也面临更多的国家化问题，如如何给外

国人讲党建，如何在外资企业等非公有制企业搞党建等。以深圳北理莫斯科大学为例，该校自筹备开始就建立了党组织，在学校发展过程中坚持谋划党的建设、开展党的工作。党建工作机制也初步建立，学校党建工作写入了合作办学协议和学校章程，设立了党群工作部，配备了党务干部队伍，大学党委书记同时担任副校长。深圳要进一步解放思想，大胆创新，确保非公党建发挥促进非公有制经济健康发展和非公有制经济人士健康成长的领航作用，发挥党组织在职工群众中的政治核心作用和在企业发展中的政治引领作用。随着人工智能时代的到来，人们的生产方式和生活方式将发生新的变化，党建也将遇到新的挑战，智慧党建如何跟随人工智能的发展步伐，确保党的建设植根于网络这一新的物理空间，切实发挥党的凝聚力和战斗力。中国特色社会主义进入新时代，党的基层建设如何坚持以人民为中心的理念，将党的建设与满足人民群众日益增长的美好生活需要，也需要深圳在先行示范区建设中做出新的思考和突破。城市基层党建要有温度，深圳要进一步探索"党建＋民生＋社区自治"的基层治理模式，瞄准痛点难点，解决群众操心事烦心事揪心事，始终坚持党建引领美好生活，增强人民群众的获得感、幸福感、安全感。总之，要通过党建引领带动，推动党建工作与中心工作、改革攻坚、改善民生、优化营商环境等融合互通，助力先行示范区建设。

三 增强党员干部的党性修养和改革创新本领，为先行示范区建设打造高素质专业化人才队伍

建设先行示范区，需要深圳广大党员干部加强党性修养，

不断提高改革创新本质，切实发挥模范带头作用，凝心聚力，以崭新的风貌投入先行示范区建设的大潮中，昂扬向上、奋斗进取的姿态在先行示范区建设中勇担使命、改革创新、建功立业，展现新担当新作为，为深圳建设中国特色社会主义先行示范区贡献力量。

建设先行示范区，深圳首先要突出政治标准，坚持正确选人用人导向，注重培养政治素养高、对党忠诚，敢于担当，干净做人、踏实做事、履职尽责的人才。其次，要注重培养干部的专业能力、专业精神，增强干部适应中国特色社会主义先行示范区建设要求的能力和改革创新的本领。先行示范区建设需要大量既具有很高的政治素养，又有很强的专业知识或技能的人才。再次，要解放思想，聚全球人才而用之，吸引和招揽全世界最优秀的人才，为先行示范区的建设服务。正如党的十九大报告指出："实行更加积极、更加开放、更加有效的人才政策，以识才的慧眼、爱才的诚意、用才的胆识、容才的雅量、聚才的良方，把党内和党外、国内和国外各方面优秀人才聚集到党和人民的伟大斗争中来……"深圳在这方面要先行先试，做出表率。最后，深圳要注重建立专业化、职业化的党建工作者队伍，通过党建专职工作者专业化、职业化改革，破解辖区党建工作面临的困难和问题。

参考文献

《邓小平文选》第3卷，人民出版社1993年版。

习近平：《决胜全面建成小康社会 夺取新时代中国特色社会主义伟大胜利——在中国共产党第十九次全国代表大会上的报告》，人民出版社2017年版。

习近平：《在庆祝改革开放40周年大会上的讲话》，人民出版社2018年版。

习近平：《在中国科学院第十九次院士大会、中国工程院第十四次院士大会上的讲话》，人民出版社2018年版。

房宁、唐奕：《治理南山：深圳经验的南山样本》，中国社会科学出版社2018年版。

广东省政协文史资料研究委员会编：《经济特区的由来》，广东人民出版社2002年版。

深圳市社会科学院、深圳市光明新区管委会：《新型城市化的深圳实践》，中国社会科学出版社2016年版。

倪鹏飞、马尔科·卡米亚：《深圳故事：经济、社会与环境的极速转型》，联合国人居署研究报告，2019年。

《中共中央 国务院关于支持深圳建设中国特色社会主义先行示范区的意见》，中国政府网，2019年8月18日，http：//www.gov.cn/zhengce/2019-08/18/content_5422183.htm。

《中共中央 国务院印发〈粤港澳大湾区发展规划纲要〉》，中国政府网，2019年2月18日，http：//www.gov.cn/gongbao/content/2019/content_5370836.htm。

《习近平在广东考察时强调 高举新时代改革开放旗帜 把改革开放不断推向深入》，人民网，2018年10月26日，http：//politics.people.com.cn/n1/2018/1026/c1024-30363434.html。

程连红：《深圳计划2020年成为重要的节能环保产业基地和创新中心》，http：//www.ce.cn/cysc/newmain/yc/jsxw/201802/23/t20180223_28227532.shtml。

方胜、王若琳、陈颖：《深圳突破资源瓶颈保障高质量可持续发展》，http：//www.sznews.com/news/content/2019-04/07/content_21604841.htm。

《广东深圳：着力推进园区党建区域化集约化》，中国非公企业党建网，2017年3月22日，http：//www.fgdjw.gov.cn/fgdjw/system/2017/03/22/021131384.shtml。

李秀瑜：《深圳绿色建筑面积9544万平方米位居全国前列》，http：//sz.people.com.cn/n2/2019/0616/c202846-33044923.html。

《深圳发布全国首个党建质量地方标准》，人民网，2018年11月23日，http：//sz.people.com.cn/n2/2018/1123/c202846-32325889.html。

《深圳法院鹰眼执行综合应用平台》，法安网，2019年2月20日，http：//www.faanw.com/zhihuifayuan/340.html。

《数字中国：太极三大平台助力深圳"智慧法院"》，搜狐网，2019年2月20日，http：//www.sohu.com/a/229888065_100109344。

《深圳引领中国城市低碳转型发展》，搜狐网，2017年9月8日，https://www.sohu.com/a/190610635_124752。

《外籍人才可获永久居留身份证 深圳公安颁发首张外籍人才永久居留身份证》，深圳新闻网，2018年9月4日，http://www.sznews.com/news/content/2018-09/04/content_20094817.htm。

《新增16个国际通航城市，2017深圳国际航线发展规模创历史之最》，南方网，2018年1月24日，http://kb.southcn.com/content/2018-01/24/content_180542543.htm。

《招商局港口收购澳东最大港口 海外港口投资实现六大洲全覆盖》，http://yhz.sztb.gov.cn/ghxw/201808/t20180823_13962941.htm。

《中共深圳市委六届九次全会召开》，人民网，2018年1月15日，http://sz.people.com.cn/n2/2018/0115/c202846-31141609.html。

张学凡：《深圳绿色建筑与城市可持续发展的实践与探讨》，《住宅与房地产》2019年第2期。

中共深圳市委组织部、中共深圳市委党校：《非公有制经济组织党建工作的创新实践》，《求是》2001年第4期。

《打造中国特色社会主义法治示范区》，《深圳特区报》2014年11月26日。

《深圳681个社区有了专职法律顾问 实现"一社区一法律顾问"工作全覆盖》，《深圳晚报》2018年7月6日。

《深圳成为全国首个标准国际化创新型城市 为城市可持续发展和现代化城市治理提供"中国样本"》，《深圳社区报》2019年10月15日。

《深圳："五个标准化"迈出社区党建新步伐》,《深圳特区报》2016年11月17日。

《深圳：勇当尖兵探索城市基层党建新路》,《深圳特区报》2017年9月19日。

《深圳勇毅笃行　建设"法治中国示范市"》,《深圳特区报》2017年8月29日。

《以时不我待只争朝夕的精神投入工作　开创新时代中国特色社会主义事业新局面》,《人民日报》2018年1月6日第1版。

中共广东省委宣传部、深圳市委宣传部联合课题组：《用好改革开放关键一招　把深圳经济特区办得更好办出水平》,《深圳特区报》2018年12月12日。

后　记

党和国家做出兴办经济特区重大战略部署以来，深圳经济特区作为中国改革开放的重要窗口，各项事业取得显著成绩，已成为一座充满魅力、动力、活力、创新力的国际化创新型城市。深圳的成功，为中国改革开放和中国特色社会主义道路"杀出一条血路"，印证了中国道路的正确性、中国理论的科学性、中国制度的优越性和中国文化的先进性。基于此，我策划组织了"深圳经验与中国特色社会主义道路"这一课题，并得到了深圳市委宣传部的大力支持。由我牵头的中社智库研究院课题组在总结深圳改革开放的历史进程、明确深圳在改革开放中的历史坐标基础上，开展了对深圳经验的全方位考察，以概括深圳经验在中国特色社会主义道路开辟中的历史与现实价值。

课题组在2017—2018年赴深圳进行了三次实地调研，分别走访了深圳市委宣传部、市委组织部、政府办公厅、人民政府发展研究中心，发改委、统计局、经信委、科创委、政法委、规土委、人居委、市人大法律办、司法局、法制办、法院、检察院、公安局、仲裁委外事办、特区文化研究中心、南山区区委、深圳市社科院、蛇口自由贸易区、大疆、腾讯等深圳市党政机关与企业，通过参观、座谈交流、访谈负责人与调阅资料等方式获取了第一手资料。调研中的所见所闻，使得课题组直观地感受到了深圳市在先行先试探索创新方面的活力，深入了解了深圳经验的各个生动侧面，这给本书的写作提供了许多重要的思路与素材。在文献搜集与实地调研获得材料基础上，课题组经过多次论证与专家咨询，系统地总结了深圳在产业发展、开放经济、科技创新、金融改革、法治建设、社会治理、生态文明建设、文化建设、党建创新与国际化城市建设等方面取得的成就与经验，论证了深圳经验与中国特色社会主义道路的开辟之间的内在联系，最终形成了本书，为深圳特区成立40周年献礼。

作为课题总负责人，我非常重视本课题的执行，抽调人员组成了课题组，并率队开展赴深圳实地调研。我对本课题进行了总体策划，主持了课题方案设计以及研究措施和研究计划制订，并负责了全书的统稿工作。中国社会科学出版社副总编辑兼重大项目/智库成果中心主任王茵博士，中国社会科学出版社博士后、对外经济贸易大学中国世界贸易组织研究院副研究员刘斌，中国社会科学院世界经济与政治研究所《世界经济与政治》编辑部编辑郭枭博士，中国社会科学出版社哲学宗教与社会学出版中心副主任朱华彬博士、大众分社总编辑侯苗苗、重大项目出版中心黄晗副编审、李溪鹏博士参与课题调研并承担写作工作。中国社会科学院经济所原所长裴长洪研究员、工业经济研究所贺俊研究员、国际法研究所刘小妹研究员等作为专家部分参与了赴深调研，对课题大纲以及初稿提出了重要的建设性意见，使得本书的内容更加丰富翔实。

本书在写作过程中得到了深圳市尤其是市委宣传部的高

度重视，其为课题组的调研提供了方方面面的便利条件，确保了本书的顺利完成。在此十分感谢时任中共深圳市委常委、宣传部部长李小甘同志，常务副部长陈金海同志，时任理论处处长杨建同志与史学正副处长以及其他同志在调研工作中的协调组织与周到安排，感谢深圳其他党政机关与部分企业的负责同志的支持与配合。

赵剑英

2020 年 7 月